LA GLOIRE DE MES ÉLÈVES

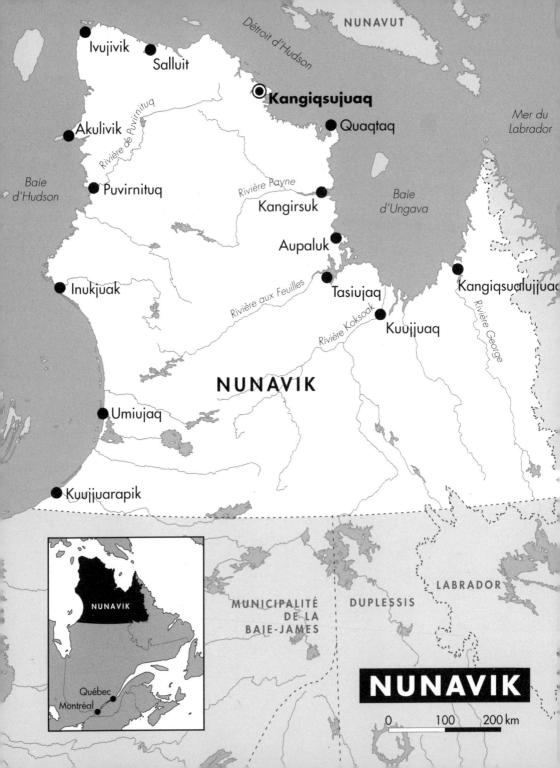

NUNAVUT

Détroit d'Hudson

Ivujivik
Salluit
Kangiqsujuaq
Quaqtaq
Mer du Labrador

Akulivik
Rivière de Puvirnituq

Baie d'Hudson

Puvirnituq
Rivière Payne
Kangirsuk
Baie d'Ungava

Aupaluk
Rivière aux Feuilles
Tasiujaq
Kangiqsualujjuaq
Rivière George

Inukjuak
Rivière Koksoak
Kuujjuaq

NUNAVIK

Umiujaq

Kuujjuarapik

NUNAVIK

Québec
Montréal

MUNICIPALITÉ DE LA BAIE-JAMES

DUPLESSIS

LABRADOR

NUNAVIK

0   100   200 km

NADIA PLOURDE

LA GLOIRE DE MES ÉLÈVES

Chroniques du Nunavik

Les 400 coups

Nous remercions le Conseil des Arts du Canada de l'aide accordée à notre programme de publication, et la SODEC pour son appui financier en vertu du Programme d'aide aux entreprises du livre et de l'édition spécialisée.

Nous reconnaissons l'aide financière du gouvernement du Canada par l'entremise du Programme d'aide au développement de l'industrie de l'édition (PADIÉ) pour nos activités d'édition.

Gouvernement du Québec – Programme de crédits d'impôts pour l'édition des livres – Gestion SODEC

La gloire de mes élèves a été publié sous la direction d'Henri-Paul Chevrier et de Pascale Morin.

Photos: Nadia Plourde
Révision linguistique: Sylvie Roche, Micheline Dussault
Correction d'épreuves: Angèle Trudeau
Maquette de la couverture, conception graphique et mise en pages: Nicolas Calvé

Dépôt légal – 1er trimestre 2008
Bibliothèque et Archives nationales du Québec, Bibliothèque et Archives Canada

ISBN 978-2-89540-359-3

Diffusion au Canada   **Diffusion en Europe**
Diffusion Dimedia Inc.   Le Seuil

Catalogage avant publication de Bibliothèque et Archives nationales du Québec et Bibliothèque et Archives Canada

Plourde, Nadia, 1969-

La gloire de mes élèves: chroniques du Nunavik
(Littérature illustrée)
ISBN 978-2-89540-359-3

1. Plourde, Nadia, 1969- – Voyages – Québec (Province) – Nunavik. 2. Nunavik (Québec) – Descriptions et voyages. 3. Nunavik (Québec) – Mœurs et coutumes – 21e siècle. I. Titre.

FC2944.4.P56 2008   917.14'111045   C2008-940275-8

Ce livre est dédié à Geela, Jusi, Mary, Léo, Uqauja, Lizzie, Mingu, Lucy, Sandy, Nancy: mes enfants des autres. Nakurmik de tout mon cœur.

Précisions

- Le texte de ces chroniques était à l'origine entièrement féminisé. L'éditeur a fait le choix d'enlever cette féminisation pour l'alléger. Nous avons pensé vous en avertir, allégeant ainsi le cœur de la chroniqueuse...

- Dans la langue des Inuit (l'inuktitut), le mot *Inuk* est singulier, alors que le mot *Inuit* est son pluriel. C'est pourquoi nous n'ajoutons pas de « s » à Inuit.

MES PARENTS, jeunes, grandissaient dans l'igloo. Ils apprenaient par l'observation, très proches de leurs instincts. Les Inuit ont une culture orale, et la parole se fait le plus simplement possible. Sans trop l'intellectualiser, mais plutôt la rendre efficace pour la vie de tous les jours, dans un environnement hostile où il faut beaucoup de sagesse et la patience pour survivre.

Du voisin pas loin du village Kangiqsujuaq, j'ai grandi à Salluit, un village où la majorité des jeunes apprennent le français. C'est une fierté.

Mon premier professeur de français, à la troisième année, était Marie-Andrée. Une femme formidable qui a enseigné à la moitié du village. Elle est toujours à Salluit, mariée à un Inuk, avec des enfants. Elle est comme notre patrimoine à nous. Et elle parle la langue.

Et puis j'ai eu Nancy en cinquième année. Nancy avait toute la confiance du monde, elle exprimait ce qu'elle voulait, elle riait quand elle voulait, elle se fâchait quand elle voulait. Elle nous donnait de la tendresse au bon moment. Quand elle nous collait, on se sentait les plus privilégiés du monde entier. On travaillait fort pour atteindre son amour.

Ce qui me frappait le plus, c'était l'odeur des Blancs. Une odeur mystérieuse, un mélange qu'on ne connaissait pas. Des fois, quand j'allais à côté d'elle pour faire corriger mes travaux, Nancy avait une odeur inconnue dans sa bouche, une odeur typique d'un Blanc. J'ai découvert, beaucoup plus tard, au début de ma vie adulte: l'ail. Quel bonheur de cuisiner la nourriture des Blancs!

Il y a quelques années, ma mère biologique (comme je suis adoptée à la naissance, j'ai eu deux mères) m'a dit: «Tu sens comme une Blanche.» Elle avait bien senti.

Est-ce que c'est une bonne chose de sentir comme une Blanche?

Nancy était *cool*, belle Québécoise que tout le monde aimait. Elle me fascinait. Je me souviens de l'avoir observée et de m'être perdue complètement dans mes réflexions. Je me disais: ça se peut-tu qu'elle ne soit pas un vrai être vivant? Peut-être la vie nous joue un tour, qu'elle est d'une autre planète. Je me disais, à part les Inuit, c'est ça qui existe comme être humain? Quelle drôlerie qu'on nous fait, nous les Inuit dans ce petit village.

J'ai reçu ma première cassette francophone de Nancy, la cassette de Nathalie et René Simard, une grande fierté pour moi qui aimais chanter. Et elle le savait, je me souviens avoir été fière à chaque début de répétition pour notre concert de Noël, il fallait que tout le monde me suive pour chanter avec la bonne note.

Au moins une fois par jour, on demandait: «Je veux aller à la toilette.» On n'avait pas si besoin, mais on a toujours réussi à convaincre qu'on avait vraiment envie. On voulait juste sortir de la classe. C'est long, une journée à l'école. Surtout le printemps, quand les journées sont longues, que le soleil sur la neige nous aveugle et qu'on s'est couchés tard.

Voir du mouvement dehors, nos parents qui partent en motoneige chasser et pêcher, les oies qui nous appellent la nature, notre côté sauvage, nomade, éveillé au maximum.

La maison où j'ai grandi n'avait surtout pas l'odeur de l'ail ni l'odeur de la bonne bouffe de maman qui chauffe dans le four. Mais il y avait toujours du caribou et du poisson au congélateur, que mes parents mangeaient presque tous les jours. Il y avait aussi de la banique, comme notre base alimentaire. Une chance qu'il y avait de la banique. Aussi, une chance qu'il y avait des barres granola à l'école tous les jours, avec un bon verre de lait. Les garçons harcelaient les filles pour leur demander l'autre morceau de granola. Ils avaient faim, mais nous aussi, les filles, nous avions tout aussi faim.

Mes parents s'assuraient que j'allais à l'école tous les jours. Pour eux, c'était important que je leur obéisse, que je travaille fort à l'école. Mais ils n'avaient pas les outils pour me donner plus de soutien que ça. Mon père ne lisait pas, ne parlait qu'inuktitut; ma mère lisait inuktitut, mais ne parlait pas le français ou l'anglais. Alors ils ne pouvaient pas vraiment m'aider avec mes devoirs. Je ne me souviens pas une fois avoir été demandée de finir mes devoirs. Pour eux, c'était déjà beaucoup que leur enfant soit à l'école toute la journée, cinq fois par semaine, de août à juin.

Malgré sûrement quelques femmes qui ont essayé de trouver un mari pour Nancy au village, elle est tombée en amour avec un médecin du Sud et elle est partie. On était triste, notre chère professeur colorée, une bonne vivante comme les Inuit, celle qui m'a donné ma première cassette francophone. Celle avec une odeur de qallunaaq était partie. Et la vie a continué, voyez Nadia!

Après il y a eu quelques professeurs assez marquants. Marc-André et Normand, toutes les filles tombaient secrètement en amour avec eux. J'imagine qu'ils sont des figures paternelles et attentionnées. André, un vrai granola avec ses cheveux longs, il aurait dû les couper avant d'arriver. On était des fois méchants avec lui, mais on l'aimait beaucoup. Il nous interpellait, nous a montré qu'on peut oser être différents. Alain, au secondaire, était notre jeune oncle sympathique. On sentait tout son amour, c'était déjà beaucoup. Je peux honnêtement dire que j'ai aimé tous mes enseignants. Ils étaient mes fenêtres d'un monde qui me fascinait, un monde où il y a des choix, des possibilités, de la créativité, de la nouveauté, tout un monde à découvrir. Et moi, j'ai essayé de ma manière à leur montrer mon monde, avec les compositions que j'aimais tant écrire, raconter. Et j'espère que ça leur a apporté aussi.

Nadia bleu, merci pour ton cadeau, pour nous partager et nous donner cette fenêtre pour mieux comprendre le Nord. Le Nord, c'est celui avec beaucoup des jeunes qui rêvent malgré leurs silences, qui sont fascinés malgré leur air inatteignable.

Merci, surtout, pour dire les choses comme elles sont, tu as compris.

Elisapie Isaac

Si on a du cœur, on ne peut rien perdre, où qu'on aille.
On ne peut que trouver.

Jean-Claude Izzo, *Chourmo*, p. 14

SALUT VOUS AUTRES,

Je vous écris aujourd'hui pour vous annoncer une belle grande nouvelle: je pars pour le Grand Nord! Je m'en vais dans un village dont je ne réussis pas encore à prononcer le nom: Kangiqsujuaq!

Tout est arrivé si vite. Mi-novembre, je me dis, tiens, un séjour dans le Grand Nord après cinq années d'études, je pense que j'aimerais ça. J'envoie mon CV à la commission scolaire Kativik et paf! J'ai passé une entrevue téléphonique mardi matin le 20 décembre à 10 heures, et à 14h45 j'apprenais que je décolle pour le Nord le 5 janvier! Je suis folle de joie mais je me fais penser à une poule sans tête: je cours partout en quête des papiers officiels, je dresse des listes de choses à faire et je les perds, je ris et je suis dans la lune, bref, je suis déjà dépaysée!

J'ai une classe de septième année, composée de dix enfants qui sont probablement tous et toutes plus grands que moi. Il me faudra leur enseigner les matières de base. Pour le français, la géographie, l'histoire, ça va. Mais en géométrie, mes connaissances actuelles me permettent à peine de distinguer un triangle d'un losange, alors je pense être pas mal occupée par la préparation des cours... J'arriverai là-bas le 6 janvier et j'enseignerai le 9 au matin, vous penserez à moi si ça vous adonne. Les gens du village parlent inuktitut, et l'anglais est leur deuxième langue. Alors je pense que je vais vivre une expérience fascinante le 20 janvier à la rencontre des parents, étant donné que la seule langue que je parle est le français! Paraît qu'il y a des traducteurs: les enfants eux-mêmes. Je me fie déjà sur eux pour assurer la communication... Je ris de toutes les aventures qui m'attendent. Je ris parce que je sais très bien que je risque de ne pas rire tout le temps...

Je suis très heureuse de ce qui m'arrive, je vous tiendrai au courant, si ça vous intéresse. L'école s'appelle Arsaniq (je me suis demandé si c'est ce qu'on mettait dans le chocolat chaud des plus tannants, mais non), qui signifie *aurore boréale*. Je vous entends d'ici: «Ah que c'est *cuuuute*!» On va voir, c'est à suivre.

Je vous laisse des liens de sites Internet qui peuvent vous donner une idée de l'endroit où je m'en vais jusqu'à la fin de juin. Je suis contente d'aller dans une petite communauté (579 personnes), j'ai vraiment hâte de les rencontrer, peu importe dans quelle langue!

Je vous embrasse et vous souhaite la plus belle des années en santé. De la paix, des fous rire et de la lumière. Beaucoup de lumière.

Tendre, tendre, à bientôt,

Nadia

École Arsaniq
www.kativik.qc.ca/html/francais/our_organization/schools/070.htm

Village de Kangiqsujuaq
www.nvkangiqsujuaq.ca

Météo à Kangiqsujuaq
www.weatheroffice.gc.ca/city/pages/qc-155_metric_f.html

1

LIEU KANGIQSUJUAQ

DATE SAMEDI 7 JANVIER 2006

OBJET *Full hot*, le Nord

SALUT MA GANG DE SUD-Ô-KU

Je vous écris de ma classe. J'ai finalement pu y entrer tout à l'heure. Je ne l'ai même pas encore visitée, je me suis garrochée sur le premier ordi venu. J'aimerais beaucoup avoir un ordinateur chez moi: je pourrais vous écrire de là et venir envoyer mes messages ici. Mais je ne commencerai pas à faire ma fille du Sud trop vite et exiger des changements avant même d'avoir vu mon premier ours polaire, franchement !

Je vous retranscris de mon carnet mes premières observations à propos de mon arrivée dans le Nord:

Le 6 janvier dans l'avion
– On vient de quitter Kuujjuaq, nous sommes au-dessus des nuages, il est environ 14 heures. Le ciel est rose sur l'horizon formé par les nuages. Là c'est vrai, j'ai vu mes derniers arbres pour les six prochains mois. Nous atterrirons à Kangirsuk et Quaqtaq avant d'arriver finalement «chez nous».

— J'ai vu un bateau au large, en atterrissant à Kuujjuaq. C'est si beau, si blanc. Si beau que je n'ai pas de mots. Juste mes yeux et mon cœur gonflés par l'émotion que me procure cette lumière.

— À Kangirsuk, sur la vingtaine de passagers, nous ne sommes que deux Blanches: la directrice de l'école, Véronic, et moi. Son chum Thomas, qui enseigne au secondaire, fait aussi partie de la minorité: il est noir et c'est un géant. Il a l'air gentil. Leur fils Adrien, 13 mois, est très comique. Autant que le pilote (qui est beau, oui oui). Il vient d'aider un Inuk (un Inuk, des Inuit, avec ou sans s, tout dépend de notre religion lexicale) soûl (à ne pas confondre avec les sculptures de pierres, les *inuksuks*) à sortir de l'avion. Il rit et il semble bien relax, c'est lui qui a distribué les biscuits pendant les préparatifs de départ. Il est 14 h 35, le soleil se couche sur Kangirsuk, la porte de l'appareil est ouverte. Il fait froid pour la première fois.

Le 6 janvier, chez moi, 19 h 33 (environ)

— J'ai commencé à parler l'anglais! Papigatuk, l'homme responsable des appartements, est venu me chercher avec mes bagages, il semblait me trouver très drôle avec mon air de Sibérienne en vacances et mon accent bizarre. Peut-être qu'il a cru que j'essayais de lui parler en inuktitut alors que je lui posais des questions en anglais! En tout cas, on riait dans les trois langues, je pense! Moi, parce que j'étais heureuse d'être là et lui, fouillez-moi pourquoi...

— L'appartement est beaucoup plus grand et confortable que je le croyais: en fait, il ressemble plus à un $3\frac{1}{2}$ qu'à un $2\frac{1}{2}$. Un grand bureau dans ma chambre, un gros meuble télé-bar (il est laid celui-là, je l'avoue), un long divan (si vous voulez venir dormir...), un fauteuil confortable que j'ai adopté sur-le-champ, une petite bibliothèque, une table ovale, plein d'armoires, un congélo (en plus de celui du frigo), laveuse-sécheuse itou. *Full equiped.* Je dois régler mon histoire d'eau potable. À 4$ le litre, il doit y avoir un autre truc. Papigatuk m'a affirmé que celle du robinet est potable, mais j'y retrouve du sable et je ne vois pas à travers, je n'ai pas un bon *feeling*...

— Quand j'ai vidé mes valises, j'ai mesuré l'ampleur de ma confusion dans les jours précédant le départ. J'ai oublié un paquet de petites choses, genre savon à vaisselle, serviettes, cendrier, couverture; rien d'essentiel, mais j'espère que mes boîtes arriveront rapidement.

— Comme je sortais pour chercher (et si possible trouver) le magasin, Christiane, une autre prof, est venue me saluer à son tour après que ma voisine Isabelle ait fait la même chose 20 minutes auparavant. Christiane m'a affirmé que Kangiqsujuaq est le plus beau village du Nord. Ce qui ne m'étonne guère, car j'habite le plus beau village du Sud.

— Au magasin j'ai rencontré ma première élève: Reebah. Elle était très curieuse et m'examinait des pieds à la tête sans rien dire. À un moment elle me demande: « T'as quel âge? — Trente-six.» Elle m'a regardée avec un air encore plus ahuri (si c'est possible). Elle m'a trouvée franchement bien petite pour une vieille. «Tu as vingt ans, pas trente-siiix.» Chouette, le Nord.

— En revenant j'ai vu mes premières aurores boréales. Petites, vertes, dansantes. J'étais émue.

Le samedi 7 janvier
- C'est un corbeau qui m'a finalement fait sortir de la maison vers 9 heures.
- J'ai mis mon kit pour les tempêtes et j'ai pris ma première marche nordique. J'étais seule dehors au début.
- Je sais *enfin* faire la différence entre un corbeau et une corneille: *fafa*. D'ailleurs je crois que je peux également distinguer une corbette d'un corbeau: la corbette est moins immense (remarquez ici que je n'ai pas écrit plus petite).
- Mon village est très beau. La plupart des bâtisses sont franchement laides, mais le village est beau, allez donc comprendre... Plusieurs attelages de chiens en repos. Ils m'ont regardée placidement, ils avaient l'air de se dire: tiens, une autre Blanche qui débarque et qui nous prend en photo, pauvre tarte, on n'est même pas au travail... Vous savez que je ne suis pas amoureuse des chiens, pas du tout, mais honnêtement, ceux que j'ai vus sont magnifiques: blanc, brun, roux, noir, gris, fourrures épaisses, pattes fines, ils m'ont paru calmes et forts. Ils couchent dehors. Tout pour me plaire, ces clébards...
- J'ai vu le lever du jour mais pas le soleil. L'aube arrive à peu près une heure après celle du Sud (dans l'est du Québec), c'est-à-dire vers 7 h 45. Il fait clair à 8 h 15 et le soleil se lève vers 9 heures.
- Vers 9 h 15, les premiers mouvements humains: motoneiges, *pick-up*, quatre-roues. Un Blanc m'a saluée dans son *pick-up* noir. J'ai fait pareil.
- Au magasin, j'ai rencontré le père Dion sur lequel j'avais lu un article. Il vient de publier sa biographie, écrite par une madame Chépuqui. C'est un curé belge arrivé ici en 1964.

Il a l'air bien sympa. Et je suis inscrite à sa prochaine partie de Scrabble pour vendredi dans deux semaines...
— J'ai vu quelques drapeaux des États-Unis dans les fenêtres (maisons privées), deux du Canada dehors et un du Québec (édifice municipal). On m'avait affirmé qu'il ventait *toujours* ici : eh bien, même le drapeau du Canada n'arrive pas à se secouer ce matin. Quand j'ai confié au père Dion ce qu'on m'avait dit à propos du vent, il m'a répondu : « Ça doit être quelqu'un qui a passé une journée ici et qui a fait un article de fond sur la question... » Sympa, le père Dion.

Bon, il ne faut pas oublier que ça ne fait pas 24 heures que je suis là. J'ai déjà pas mal de notes. Et puis je veux téléphoner à ma mère qui doit me croire dévorée par un ours polaire, attaquée par des chiens hurlants ou kidnappée par des Inuit méchants. Chère maman.

Il est environ 14 heures, je veux découvrir ma classe aussi. Vous n'aurez sûrement pas autant de détails les prochaines fois. Mais je tenais à vous faire part de mes premières impressions qui sont très bonnes. Vous m'avez tellement encouragée, vous continuez de penser à moi, je le sens. Je suis seule, mais je ne me sens pas seule. Grâce à vous, non il ne fait pas froid.

Je vous aime, à bientôt, écrivez-moi.

Nadiavik!

2

LIEU KANGIQSUJUAQ

DATE DIMANCHE 15 JANVIER 2006

OBJET **Pendant ce temps,
à Kangiqsujuaq...**

NOUS SOMMES DIMANCHE MATIN, je vous écris de ma classe encore. Voici le carnet de la semaine. Pour les puristes syntaxiques et les grammairiens, j'éprouve de la difficulté avec la concordance des temps, ne faites pas de saut. Mais dans un tel lieu, je voudrais bien vous voir vous démêler avec le temps...

Le lundi 9 janvier
Thème de la journée: Youpelaï!

Ma première journée à l'école... Ce matin, pour commencer la journée, on a eu droit à *Glory Day* en gospel à l'interphone... Ça commençait bien, c'était totalement surréel.

J'ai passé l'avant-midi avec Julie, la prof que je remplace. Beaucoup, beaucoup, beaucoup d'affaires en trois heures *non-stop.*

Un après-midi d'enfer! Quel choc! Les élèves se lançaient des trucs à travers la classe, ne me disaient pas leur vrai prénom, se parlaient en inuktitut, bref, à *GO,* on donne de la misère à la nouvelle...

Une maudite chance que j'en ai vu d'autres, parce que j'aurais voulu me sauver en courant, c'est sûr et certain. Exit Gabrielle Roy et ses belles histoires, Mademoiselle C avec ses super idées. J'étais un peu éberluée devant l'ampleur du défi qui s'annonce pour six mois. C'était tellement infernal que c'en était comique.

Ça fait que.... C'est ça qui est ça, comprends-tu? Je ris. Un rire fatigué mais un rire quand même. Julie m'a raconté un bout de la réalité familiale de ses élèves. Calvaire! Par exemple, l'une d'elles s'est fait jeter dehors de chez elle par sa mère début décembre, et celle-ci a pris soin de brûler tous ses vêtements avant. Alors la petite s'est promenée de maison en maison et venait dormir pendant les classes... Ce sont ces enfants à qui je dois enseigner l'accord du participe passé et la règle de trois; ça doit les intéresser c'est effrayant!

Alors, ils peuvent bien m'en faire voir de toutes les couleurs pendant six mois, je sais très bien que je n'en verrai jamais autant qu'eux autres. Mon cœur est grand, c'est le bon moment de lui donner toute la place, après cinq ans passés à étudier. Moi, après la classe, je rentre chez moi manger à ma faim, lire, écrire à mes amis, à ma famille. Je vais les aimer, et peut-être qu'ainsi nous pourrons nous rencontrer, et qu'alors je pourrai leur enseigner quelque chose. Je ne me demande pas de miracle plus gros que ça...

Et puis, ça m'apparaît difficile de croire qu'ils continueront encore longtemps, à dix, de me tester comme cet après-midi. J'arriverai bien à en apprivoiser quelques-uns.

J'ai eu droit, après cette épreuve d'endurance, à une réunion syndicale en anglais. Est-ce utile de préciser que je n'ai pas vraiment écouté?

Ce midi j'ai aperçu pour la première fois le soleil à Kangiqsujuaq. Il était caché par des nuages, mais le ciel bleu qui l'entourait faisait du bien à l'œil. J'étais tellement pressée que je l'ai à peine remarqué.

Le mardi 10 janvier
Thème de la journée: Ayoye

Rien ne va! Je me transforme en surveillante qui essaie de ne pas se faire bouffer sur place par dix carnivores enragés. (Et, non, bien que j'adore exagérer, je ne le fais pas, cette fois-ci.) Veulent vraiment rien savoir. Je leur ai dit: « Je suis ici jusqu'à la fin de l'année, que ça vous plaise ou non. » Ça leur a fait un effet... nul. Je termine cette journée déboussolée complètement. Comment vais-je pouvoir leur enseigner? Ils réclament Julie.

Je ne le prends pas «personnel», bien non, tout est normal, bien oui, c'est ce que je dis aux collègues pour approuver ce qu'ils m'affirment du haut de leur expérience. Sont quand même gentils et compréhensifs. Mais ils m'énervent.

Le mercredi 11 janvier
Thème de la journée: Tiens, finalement...

L'avant-midi commence avec de la visite dans la classe: Véronic, la directrice de l'école, Mark, le directeur inuit et quatre autres adultes du conseil d'école (parents, travailleurs, tous inuits). On me fait signe de quitter la classe. De toute façon, je n'aurais rien compris. Dans le corridor, en faisant les cent pas, je tremble intérieurement et je retiens mes larmes. À presque 37 ans (c'est le 8 avril, prenez ça en note, j'aimerais recevoir des cartes de vœux *par la poste*), avec toute mon expérience, m'avez-vous vu le renfort pour dix enfants: six adultes? J'aurais bien voulu m'ennuyer de ma mère, mais c'était trop prenant pour que je pense à elle...

À l'invitation de Véronic, je réintègre la classe. Les adultes me serrent la main, me parlent avec leurs yeux, ils sont si calmes, si accueillants. Je suis très touchée, je ne me sens pas jugée, excepté par moi.

Miracle! Ils sont assis, calmes, c'est la première fois que je les vois immobiles, on s'observe un bon 15 secondes, j'ai l'impression que c'est la première fois qu'ils me regardent. Reebah, qui m'en avait fait voir plus que les autres, m'a écrit une lettre d'excuses en inuktitut que quelqu'un a traduite en anglais. Véronic m'oblige à la lire devant Reebah pour savoir si j'accepte les excuses. J'ai encore les larmes aux yeux, mais cette fois c'est très positif. Reebah sait très bien comment toucher le cœur d'une Blanche qui débarque. Et, du coup, je comprends parfaitement l'anglais! Cette lettre, je vais la laminer en revenant au Sud.

Il est seulement 9 h 40. Et déjà, toutes ces émotions ressenties!

Quand la visite est partie, on s'est finalement mis au boulot, car il y en a beaucoup. C'est une semaine de révision, et la prochaine est celle des examens. Rien à voir avec le Sud. J'estime qu'en français huit élèves sont environ au niveau premier cycle du primaire, mais c'est difficile de comparer: ils ne font pas de phrases complètes (excepté «je ne sais pas», scandé régulièrement comme une comptine) et ne distinguent pas bien le passé, le présent et le futur.

Mais quand je regarde dehors, je comprends très bien. Le temps n'a aucune espèce d'importance ici. Les saisons, oui.

N'allez surtout pas croire qu'ils ne sont pas intelligents. C'est leur troisième langue et ils ne la parlent qu'en classe, vous pourriez en faire autant?

Et en mathématiques, je pense qu'ils sont à peu près tous au même niveau, mais ils sont forts, genre même niveau qu'au Sud. Je cherche mon aire et je me scalène le triangle intérieur...

La journée passe et se déroule plutôt bien. Je soupire de soulagement... et tombe dans mon lit à 20 heures.

Le jeudi 12 janvier

Thème de la journée: Non, mais...

Je suis dans un sale état. Maintenant que ça va presque bien dans la classe, c'est le reste qui se déglingue. J'ai verrouillé par inadvertance la porte intérieure de mon appartement ce matin: il y a deux portes et je n'ai qu'une clé. (Ça doit être cela que Papigatuk me disait le premier soir en riant.) Je m'en suis rendu compte ce midi en allant chez moi, affamée et assoiffée. Vraiment, dur dur pour les nerfs, cette semaine. Je vais m'en souvenir toute ma vie.

Au moment où la classe s'est placée (ou à peu près), au moment où je commençais à respirer: paf! La commission scolaire me talonne par courrier électronique (deux fois aujourd'hui) au sujet de mon †@#&?%* de diplôme de secondaire afin d'établir mon salaire. Celle-ci a en main les copies de mon diplôme de maîtrise et de mon relevé de notes officiel du secondaire, mais doute que j'aie mon diplôme! Les ordinateurs de la classe d'informatique ont des claviers en inuktitut et des virus sur Internet. Les imprimantes, que dis-je, l'imprimante ne répond pas. Les téléphones du bureau administratif sont tous occupés quand j'ai cinq minutes pour téléphoner à Baie-Comeau pour les documents.

Et pour continuer, une porte barrée le midi, donc des recherches pour retrouver Papigatuk, m'expliquer. (Comment on dit verrouiller en anglais?) Sérieusement, je ne veux pas juste faire rire mes amis avec mes récits la fin de semaine... Je veux souffler un peu dans ma tête et dans ma vie.

Et cette journée n'était pas terminée. Dans ma tête, plein de pensées bourdonnaient: les enfants ne pourront jamais réussir leur septième année à ce rythme. Je dois aussi me rendre au bureau de poste acheter un mandat postal de 15$ en «anglinuktitut» (ça, c'est moi qui l'ai inventé dans mon exaspération, pas mal, non?), je suis fatiguée, pourquoi les choses ne sont-elles pas plus simples?

Hostie que c'est drôle, ha ha ha... J'ai mal à la tête, on se demande bien pourquoi.

Je me couche ce soir-là à 19 h 19. Et si la vie n'est pas mieux au réveil, je reste bouder sous ma doudou, bon.

Le vendredi 13 janvier

Thème de la journée: Vendredi, c'est vendredi.

Aujourd'hui, une journée presque harmonieuse. Ça travaille fort, quelquefois couché par terre ou sous une table. Une élève enfile ses lunettes de soleil. J'ignore si c'est pour me provoquer mais ça ne marche pas vraiment, je trouve ça plutôt cool, comme diraient Morgane et Simone. (Vous savez pas qui c'est? Mais ce sont mes nièces adorées.)

Maintenant que je connais un peu mieux les élèves, je vais vous les présenter.

Reebah (prononcez: «ri-bâ»): la grande *boss* des bécosses, la *queen* de la classe. Un gros caractère. Elle aime apprendre, mais elle n'aime pas l'autorité. Tiens, ça me rappelle quelqu'un...

Eva (prononcez: «i-va»): une timide, elle éprouve des difficultés à entendre (non, ça ne va pas nécessairement ensemble). Pour cette raison, j'enseigne avec un micro-ti-casque relié à quatre amplificateurs. Ça fait bizarre d'entendre ma voix résonner sur les murs, mais les enfants sont habitués. Eva a des lunettes rondes et est secrète. Sa voix n'est qu'un filet.

Betsy (prononcez: «bet-tsi»): une grande boudeuse sensible. Elle a refusé de m'adresser la parole jusqu'à jeudi. Après, ç'a été beaucoup mieux, on a même ri ensemble. Et quand j'ai collé une étoile sur sa révision de maths, j'en ai vu plein dans ses beaux yeux noirs. Quand elle se fâche contre moi, elle m'appelle grand-maman en inuktitut (elle a pris soin de me traduire: *ananatsia*), pour me signifier que je suis trop vieille. Ça me fait rire.

Aida (prononcez: «a-i-da»): une timide aussi, toute ronde. Assidue, jamais en retard (contrairement à la majorité). Des fois elle me regarde avec l'air de penser: «Comme elle est étrange, cette Blanche.» Elle est tellement discrète et accommodante, tellement secrète, j'ai l'impression que les autres profitent d'elle.

Elaisa (prononcez: «i-lè-za»): la plus introvertie et la plus douée pour apprendre. On n'a pas encore eu de contact véritable. Elle se mêle peu aux autres mais personne ne l'achale. Je devrai travailler fort pour gagner sa confiance. Si j'y arrive... Elle me semble extrêmement intelligente.

Julia (prononcez: «julia», faut tout vous dire): l'absente. Elle n'est venue que les deux premiers jours et ça s'est bien mal passé. Je m'en inquiète. En classe, elle n'a pas voulu établir de contact. Petite choupinette, j'espère qu'elle nous reviendra vite.

Et maintenant, les garçons...

Joanesie (prononcez: «yo-ann-nè-si»): Joanesie le tigre. Je l'appelle ainsi à cause de sa vitesse de travail (très doué lui aussi)... et de son caractère colérique. Deux jours se sont terminés en inuktitut pour lui. Il me parlait en me regardant de travers et en grognant, comme s'il me lançait des mauvais sorts. Et le lendemain, tout était oublié... On a beaucoup ri aussi. Je crois qu'il aime le surnom que je lui ai trouvé.

Noah (prononcez: «no-a», franchement): Le plus petit. Charmant, doué, doux, joueur, il est rêveur et rieur. C'est le premier qui m'a offert sa collaboration en acceptant de travailler. Il me fait penser à un petit phoque qui s'amuse. On dirait que pour lui, le monde est une banquise sur lequel il glisse. Il s'endort souvent l'après-midi, je pense qu'il aime les siestes autant que moi.

Peter (prononcez «pi-teur»): un grand garçon qui a doublé sa septième année. Peter n'aime pas l'école. Mais il aime la vie, il est de bonne humeur en général, et il s'exprime! Il est moqueur et malgré lui, il recherche mon approbation. Aujourd'hui il n'est pas venu. Quand j'ai demandé pourquoi aux autres, ils m'ont dit qu'il était parti faire du traîneau à chiens. Je trouve que c'est une excellente raison de manquer l'école, surtout un vendredi. À chaque début de classe, Peter demande si on va aller patiner. C'est plate pour lui, c'est comme ça qu'on a fini la semaine: à l'aréna. Et il n'était pas là...

Qalingo (prononcez: «ra-li-gno»): un trapu, fort comme un homme. Il bouge tout le temps et possède une grande intelligence. Il se ferme à l'occasion comme une huître, mais en général il rit et participe très bien. Ce matin il a frappé Betsy avant la récré. Je l'ai donc gardé à l'intérieur avec moi, pensant le priver de ce qu'il préfère: être dehors. Pas du tout! Il s'est installé par terre, tout à coup très calme, a pris un livre et s'est plongé dedans. À la fin de la récré, il a repris ses exercices et y travaillait fort quand les autres sont revenus. Il a présenté ses excuses à Betsy qui les a acceptées simplement, et tout était pour le mieux dans le meilleur des mondes.

Alors, voilà. Vous avez sans doute deviné à quel point je suis déjà séduite. Dans leur petite poche de derrière, qu'ils m'ont mise. Sans vraiment d'effort en plus. Ils aiment (moi aussi) m'apprendre des mots en inuktitut, et je les fais bien rire avec mon accent à couper au *ullu* (ou *ulu*: couteau inuit). Je les regardais patiner, dans leurs magnifiques manteaux et je les trouvais si beaux, si attachants. Bien entendu, il y en avait trois ou quatre (je vous dis pas qui, je ne suis pas une *stool*) le long de la bande qui s'exerçaient à être ados. Ils levaient les yeux en l'air et trouvaient ça *boring*. Dès que je m'approchais, ils allongeaient la figure un peu plus et se parlaient en inuktitut. À un moment je leur ai dit: «Oubliez ça, sortir fumer, vous restez avec nous jusqu'à la fin.» La tête qu'ils ont faite! Je pense que j'ai frappé en plein dans le mille! Une intuition, ça parle plusieurs langues...

Et c'est ainsi que la fin de semaine est arrivée... YOUPPPI! D'autres observations en vrac:
- Aucune cloche! On a des horloges dans chaque classe et on est en mesure de suivre l'horaire: pas plus compliqué que cela. J'adore.
- Sur les murs de l'école, plein de photos laminées récentes et anciennes du village.
- Tout est propre, propre, propre. On marche en bas. Et j'ai vu hier que le plancher est ciré chaque vendredi.
- Dans le stationnement de l'école: deux ou trois *pick-up*, sept ou huit motoneiges et autant de quatre-roues.
- Avant de descendre chercher ma gang, j'aime regarder s'embraser le ciel qui accueille la venue du soleil derrière la montagne... à 9 heures!

— La lune se reflète sur la neige, ce qui fait que je n'ai jamais l'impression qu'il fait totalement noir. On dirait plutôt l'aube à longueur de nuit...

— Le paysage est époustouflant. Il me tarde de le parcourir. Pour moi, c'est étrange de ne pas avoir d'horizon devant les yeux. Entouré de montagnes, le village s'ouvre sur la baie et aujourd'hui entre deux allers-retours école-appart, j'ai été littéralement éblouie par le soleil. Et j'ai découvert d'autres montagnes au loin. Tout ce blanc, c'est très impressionnant! Chaque jour, depuis mon arrivée, je suis médusée par la majesté des lieux, l'ampleur du ciel. Comment écrire cela?

— Hier soir, spectacle grandiose: la lune claire, des milliards d'étoiles et des kilomètres d'aurores boréales vertes qui dansaient. J'étais si émerveillée que je dansais avec elles. Jusqu'ici, que des vertes. Un défi d'écriture: comment rendre cette beauté?

Bon là, ça suffit. J'ai des examens à photocopier moi. Et puis maintenant que j'ai trouvé les questions de l'examen de maths, faut que j'aille trouver les réponses...

Donnez des nouvelles. Sérieusement, ça me réconforte beaucoup de vous savoir à mes côtés dans cette extraordinaire aventure. Si je devais donner un thème à la semaine, ce serait: Montagnes russes au Nunavik... Heureusement, votre présence par la pensée et par courrier m'aide à ne pas perdre le nord.

Le soleil se lève et rosit le haut des montagnes; c'est le paysage que m'offrent les fenêtres de la classe. Le ciel est bleu de bord en bord. C'est décidé, j'oublie un peu les examens et je vais me promener dans cette hallucinante clarté. J'ai la gorge serrée par l'émotion. La beauté au naturel, ça fesse! Même pour quelqu'un qui habite le Bic. Heureusement que je suis passée par là, j'en perdrais peut-être le souffle.

Je vous aime. Un câlin spécial pour ma grand-mère qui n'aime pas le froid. Je te jure grand-maman, c'est si fantastique que c'est tout chaud, en dedans.

Nadia

BONJOUR LES OUIOUIS, alors, ça va au sud du monde?

Ici, c'est encore fantastique: les choses changent très lentement, vous comprenez. Cette semaine, je voudrais vous parler...

...de la profession de prof

Dans la grande salle commune, réunion de profs à 16 heures. Je manque de défaillir quand je vois l'ordre du jour: 18 points! Même si c'est écrit en trois langues, sur une belle feuille jaune recto-verso, ça ne me dit rien qui vaille après cette longue journée. Je m'assois en bougonnant intérieurement. Dans la salle, très étrange: les Inuit sont du côté salon et les Blancs (francophones et anglophones) du côté grande table. Une Blanche est parmi les Inuit et aucun Inuk ne se mêle aux Blancs. Ça me fait bizarre d'être tout d'un coup sur le même bord que les Anglais...

La réunion commence. Véronic, debout au milieu de la salle parle en anglais en regardant partout où elle peut. Elle parle lentement, je saisis bien, nous avons un accent très semblable... Comme au Sud, il y a des enseignants qui parlent entre eux en même temps qu'elle. Quelle attitude grossière! Un jour, je vais faire une crise à ce sujet. Ça sera pas beau à voir. Véronic m'impressionne: elle est calme alors qu'on (en tout cas, moi) sent bien qu'elle n'est pas dans son élément naturel. Habituellement, elle enseigne le français au secondaire; elle remplace le directeur jusqu'à la fin de l'année. Elle a tout mon respect. Les profs (ceux qui parlent) en profitent pour gueuler à propos d'un prof de culture qui ne vient pas travailler, et, lorsqu'il le fait, c'est en état d'ébriété. Quand, plus tard, j'ai fait remarquer à une collègue qu'il devait bien se trouver un autre Inuk dans la communauté pour transmettre la culture, elle m'a répondu: «Oui, mais plusieurs ont un dossier criminel, ils ne peuvent donc pas travailler pour la commission scolaire, le recrutement est compliqué.» Ah.

Cette réunion, croyez-le ou non, a une durée d'une heure seulement. À 17 heures, c'est terminé. Je vous dis que Véronic est impressionnante. Pas étonnant: elle m'a confié qu'elle a une maîtrise en littérature... spécialiste de l'époque médiévale... La littérature, je ne sais pas si cela mène à Rome, mais c'est un chemin aux multiples sentiers...

Pour terminer à propos de la profession, je dirais que les collègues sont comme tous les collègues de bureau: photocopieuses et imprimante vides (à trois reprises cette semaine), brocheuses sans broches, etc. Le climat n'est pas vraiment joyeux. Mais je ne sais pas pourquoi. Parce que moi, je ne pose aucune question. Ça ne m'intéresse pas vraiment et je sais que les nouvelles sont des proies bien tentantes dans des guéguerres larvées de personnes en quête de pouvoir. *Full plate.*

...des merveilleux enfants de la classe, raison principale de mon bonheur

On a pogné notre *beat,* comme on dit quand on veut faire exprès de ne pas bien parler. On dirait que les enfants se sont faits à l'idée que je vais rester. Tant mieux, ç'a été beaucoup plus relax, même pour une semaine d'examens...

— On a joué à *Je te tiens par la barbichette* pour terminer la semaine jeudi (vendredi journée pédagogique), j'ai gagné contre Reebah et Betsy, mais j'ai perdu contre Noah et Qalingo. Ils connaissent la comptine en inuktitut.

— Un après-midi cette semaine, il faisait très chaud dans la classe, le thermomètre indiquait 35 °C. Vous pensez que j'exagère encore? Non, ici c'est un endroit fabuleux pour moi, parce que tout est exagéré, c'est comme ça... Je disais donc qu'il faisait très chaud, on a ouvert les fenêtres, il faisait seulement −14 °C dehors, vous voyez ce que je veux dire... Joanesie n'en pouvait plus et se lamentait: «Je suis chaud, je suis chaud» (Bien entendu, comprenez: «J'ai chaud.») À un moment je lui dis: «Joanesie, on est dans le Grand Nord, en plein mois de janvier, les fenêtres sont ouvertes, je ne vois vraiment pas ce que je pourrais faire de plus pour te rafraîchir, je te jure.» Et là j'ai ri, mais j'ai ri... seule, mais ça ne me dérangeait pas du tout, je trouvais la situation tellement drôle! Pas Joanesie. Je lui ai suggéré d'enlever son chandail de laine et de garder seulement son t-shirt, ç'a paru faire l'affaire...

— Lors de l'examen d'expression orale, j'essayais de trouver un sujet pour que les enfants me racontent quelque chose, pour que cela leur soit moins difficile de prendre la parole. J'ai eu droit à une histoire fantastique de la part de Peter.

J'ai appris comment il chasse le loup en traîneau à chiens avec son père. Le territoire de chasse, au moins cet hiver, est à environ trois heures de traîneau d'ici. Ils repèrent une meute de loups, tentent d'en isoler un et le poursuivent avec les chiens jusqu'à ce qu'il s'épuise. Alors ils le tuent. Ça leur donne 350 $ la peau. Peter m'a dit qu'une fois, les loups se sont défendus ensemble et qu'il y a eu une grosse bagarre entre les chiens et les loups. Son père a réussi à tuer un loup, ce qui a fait fuir les autres, mais un des chiens était sérieusement blessé. Je ne sais pas si Peter m'a sorti le récit pour touristes, mais moi, j'ai adoré son histoire et je l'ai trouvée plausible. Il m'a raconté tout cela avec des mots comme : chien, loup, père, traîneau, courir, fusil. Il a surtout mimé la chasse avec ses mains. Fabuleux. Quand je lui ai dit que j'aimerais aller en traîneau avec lui, il a ri. « Nooooon. » C'est pas grave, j'ai l'impression d'avoir fait toute une *ride* ce matin-là.

— Noah a pleuré dans la classe cette semaine, pendant l'examen de maths. Il ne veut toujours pas me parler, même s'il travaille très bien. Je le laisse aller à son rythme. Je sais qu'il me regarde attentivement quand il croit que je ne le vois pas. Alors, quand je me suis rendu compte que ça n'allait pas, je me suis approchée doucement. « Ça ne va pas Noah ? » Il m'a glissé un dessin qui le représentait avec une flèche dirigée vers son cou. Il avait écrit : « J'ai mal cou. » Comme j'essayais de le faire parler, ou du moins de confirmer si j'avais bien compris (prof nouille, sans expérience), il a appuyé sa tête sur le bureau et refusait d'en dire plus. Je voyais ses grosses larmes tomber par terre et j'avais le cœur gros. Je me suis penchée et je lui ai dit : « Je vais aller chercher Alaku (conseillère-traductrice-grand-mère-absolument nécessaire), elle va t'aider, d'accord?» Il a fini par opiner. Mais Alaku n'était pas là. Comme c'était l'heure de la récré et que les autres commençaient à se moquer de lui, je l'ai emmené dans le bureau d'Alaku même si elle n'était pas là, pour qu'au moins il soit tranquille. Finalement elle est arrivée, lui a parlé et m'a dit: «Il a mal au cou, il va retourner chez lui.» Comme je me suis trouvée dinde: il avait tout fait pour que je comprenne et je n'ai pas su saisir... En plus, ma collègue voisine de classe Julie (une autre Julie), m'a dit en revenant de la récré: «Elle ne s'appelle pas Alaku, mais Kulutu.» Maudit.

— Reebah a manqué trois avant-midi d'examen cette semaine, parce qu'elle gardait sa petite sœur! Et personne (direction, autres profs, camarades) ne songeait à s'en étonner, excepté moi, bien entendu...

— Betsy était en retard de 20 minutes à son examen d'expression orale. Elle est finalement arrivée, toute joyeuse, elle glissait et elle avait trop de fun pour venir à l'heure.

...de la sécheresse des locaux

J'ai attrapé une grosse grippe la semaine dernière. Je n'arrivais pas à prendre le dessus et je trouvais que c'était une grippe bizarre... Le matin où j'ai saigné du nez dans la classe, je me suis dit: ah, peut-être que l'air de mon appart est très sec. J'ai donc fait plusieurs démarches en «franglinuktitut» dans le but d'obtenir des informations sur la possibilité d'avoir un humidificateur... pour apprendre finalement que tous les profs y avaient droit, ainsi qu'à une balayeuse. Au bout de deux jours d'efforts constants, de gestes calmes, de sourires séchés, j'ai obtenu l'objet... qui ronronne jour et nuit depuis. Dans la brochure, c'est écrit qu'une pièce devrait avoir 45% d'humidité.

Quand j'ai mis la machine en marche, elle indiquait 20 %! C'est pas la grippe que j'avais, c'est la croûte! C'est un combat de tous les instants, mais avec la machine, il est mieux équilibré... Pour vous illustrer la sécheresse des bâtiments: les enfants enlèvent leurs bottes à l'entrée et les déposent sous leur crochet à vêtements près de la classe... mais le plancher n'est jamais mouillé! Deuxième exemple: disons qu'il fait −20 °C, et que je vais au magasin, je suis dehors environ 15 minutes. J'entre chez-moi (ou à l'école), mes lunettes ne s'embuent pas! Non non non, je n'exagère pas, combien de fois faudra-t-il que je vous le répète? Vrai comme je suis là. Impressionnant. Un désert de glace.

...de l'eau qui manque en prenant sa douche!
Mercredi soir, soirée bénie de la douche. (À cause du climat sec, il est recommandé de ne prendre que deux douches par semaine, pour éviter les dermatites et le gel.) Moi qui suis une désobéissante née, je suis ce conseil parce que je ne veux pas geler ni sécher. Je termine à peine mon premier rinçage, et plus d'eau! Niet. Je sors et vérifie le robinet du lavabo, de l'évier, niet itou («non plus» en inuktitut). La voisine frappe à ma porte: c'est la même chose de son côté. On se dit bon, on passe la nuit comme ça et on en parle à Papigatuk demain matin. Le lendemain... Papigatuk nous explique que c'est la municipalité qui s'occupe de ce genre de problème. Je me prépare mentalement pour un long délai; sont pas pressés pour régler les problèmes ici, ils les laissent attendre. Ce midi-là, je charrie donc l'eau de l'école pour nourrir mon précieux humidificateur... et je ris parce que je trouve que c'est vraiment l'aventure... L'après-midi à 16 heures le problème est réglé, l'eau revenue!

On m'a précisé: ici, les «substances résiduelles» (communément appelées merde) ne sont pas dans les égouts, dans le sol, voyons! Et moi qui pose toujours ou presque des questions, eh bien celle-là, je l'avais évitée: «Mais où vont la merde et le pipi, etc.?» Je voyais bien passer dans le village, des camions avec des reservoirs ronds (comme un camion à lait, mais pas de lait). Ces camions sont appelés *sewage*, maintenant je le sais. Quand notre contenant est plein, l'eau arrête!

C'est pour ça que ces *sewages* vont de maison en maison! (Jean-François, ça répond à ta question? Parce que toi, tu te la posais... et me l'avais posée, mais j'avais fait semblant de rien) Où va le contenu des camions, c'est une autre question... dont je ne connais pas encore la réponse, à suivre.

Morale de cette histoire: quand t'es plein de marde, t'as pu d'eau! Vous imaginez l'économie au Sud, s'il y avait un système comme celui-là?

...du langage

Je commence à apprendre des mots et j'aime vraiment beaucoup. Je vous fais part ici de quelques notions de vocabulaire:
– *Ouiouis*: ce sont les francophones. Parce qu'il paraît que lorsqu'ils sont débarqués dans le Nord, les Français disaient toujours «oui, oui».
– *Qallunaaq* (prononcez «ralounart»): gros sourcils. Ce sont les Blancs en général, mais surtout les anglophones.
– *Ouiouititut*: la langue française.
– *Qallunaaqtitut*: la langue anglaise. En fait, il s'agit d'ajouter «titut» à la nationalité: *japantitut,* etc.
– *Nakurmik* veut dire merci.

Je remarque de mieux en mieux, aidée cette fois-ci par Lise, du Bic, que les Inuit parlent autant par signes qu'avec la voix.

On dit que c'est une culture du silence, mais cela ne veut pas dire qu'ils ne sont pas bavards. Les enfants et les adultes parlent souvent avec leurs mains. Ils accompagnent leurs paroles de gestes. Ils font travailler leurs doigts et leurs mains, pas tout le corps. Alors j'ai commencé, en classe, à davantage utiliser mes mains pour attirer leur attention, et ça marche!

Leur visage parle aussi: pour dire «oui» on hausse les sourcils, pour dire «non», on plisse le nez. Je ne savais pas avant. Et souvent je trouvais que les enfants ne me répondaient pas. Je leur disais: «Ohé! y'a quelqu'un? C'est à vous que je m'adresse.» J'ai appris hier soir qu'ils répondaient... avec leur face! J'ai hâte à lundi matin pour leur montrer que j'ai enfin compris!

...d'une partie de Scrabble chez le Père Dion

C'est avec entrain que Christiane et moi nous sommes dirigées vers la mission catholique du père Dion. Il nous a reçues comme si on le dérangeait, mais j'ai finalement compris que c'est un air bougonneux qu'il se donne quand il est très content...

Il a un gros Scrabble de luxe avec un système individualisé de compte de points chinois... Son petit appartement adjacent à la chapelle est typique de celui d'un vieux garçon: fonctionnel et sobre. Pendant la partie, il nous a raconté des histoires de peur et des histoires tristes, sur le ton d'une discussion sur la météo. Par exemple, il a dit à Christiane qu'il a déjà rencontré une autre Christiane, la femme d'un policier. Ils aimaient faire ensemble des expéditions en montagne. Un jour, elle est tombée dans une crevasse et elle est restée accrochée à ses harnais. Le temps qu'il la sorte de là, elle était morte.

Et puis, pour la première fois en 50 ans, le père Dion a verrouillé sa porte. Il a reçu un visiteur nocturne en décembre, pendant qu'il dormait. Ce visiteur a alors fait des interurbains à 50 $, qu'il a dit. Aussi, il s'est fait voler son portable dans le temps des fêtes. Il s'est informé (il parle inuktitut), en a parlé à la radio, et cette semaine, les gars des poubelles sont arrivés avec un sac : son portable ! Christiane et moi avons pensé que le voleur avait eu des remords. « Oh non, a répondu le père Dion, ça m'étonnerait. C'est qu'il savait pas quoi faire avec, comment l'utiliser. » Il l'a mis dans son lit pour le dégeler (le portable, pas le voleur, voyons). Avant de partir, Christiane est revenue sur l'idée des remords, moi, j'ai avancé la possibilité que le voleur avait peut-être subi des pressions de la communauté (sa famille, ses amis). J'ai peut-être raison, mais ce n'est pas le père Dion qui va me le dire...

À un autre moment, il a fait jouer de la musique douce d'église, la Communauté de Thésée, en France ; c'était beau. Pour réponse il nous a dit : « Oui, oui, c'est beau. Eh bien imaginez que le responsable de cette communauté depuis 30 ans a été assassiné l'automne dernier, un coup de poignard dans le dos. » Un conteur d'histoires apeurantes, je vous dis, le père Dion. Et je vous passe celles de Christiane, vous allez vous mettre à vous inquiéter.

Au retour, je me disais que ces petites rencontres doivent servir aussi à ça : échanger sur les angoisses sans avoir l'air d'y toucher. Les plus belles histoires concernent les commentaires sur le temps : « −18 °C, il ne fait pas assez froid qu'il a dit. Les chasseurs sont inquiets : la glace est plus mince, peuvent moins se déplacer, c'est plus dangereux. » Pas content du temps, le Père.

Et puis la partie s'est déroulée sur fond de fournaise qui démarrait et arrêtait aux dix minutes. Le Père est grand comme moi à peu près, et c'est un ricaneux. Comme j'ai tendance à ça moi aussi, on a eu un bon premier contact. Faut dire qu'il a commencé la partie avec un Scrabble: «siestez», ouin. Christiane a répliqué en posant les lettres une à une: «v-a-g-i...», là j'avais vraiment envie de rire et lui ne disait absolument rien, stoïque. Suspense. Ç'a été «v-a-g-i-r-a», finalement. J'ai perdu la partie. J'ai quand même placé «pape» en précisant que ce n'était vraiment pas payant, un pape, on a ri. J'ai bu du jus de pommes Oasis (à 7,51 $ le deux litres), il était délicieux.

Et nous sommes reparties vers 21 h 15 en se disant: «À vendredi prochain chez Christiane...» Le vendredi suivant, devinez où ce sera... Ils seront probablement mes premiers visiteurs. Des heures de plaisir en perspective, parce qu'hier c'était seulement une approche, je me suis bien retenue d'inonder le Père de toutes mes questions. Je voulais seulement qu'il s'habitue à ma présence, qu'il sente que je l'écoute avec sérieux, que j'aime beaucoup les histoires. Je pense que c'est mission accomplie... À suivre!

...d'un samedi soir en DVD

Hier soir, gros programme: un film! Je n'avais pas ouvert la télé depuis mon arrivée, pas le goût et pas le temps. Mais le besoin de décrocher un peu m'a conduite vers la collection de films de l'école, vendredi après-midi. J'ai choisi *Atanarjuatt, the Fast Runner*. Mais, vous direz-vous, comment a-t-elle eu l'idée originale d'écouter un film inuit? Je ne sais pas ce qui m'a pris, une inspiration! Pour l'événement, je me suis acheté une canette de Pepsi à 1,59 $ et un sac de chips au vinaigre (pas bons). Et là, là, j'ai passé trois heures magnifiques. Je vous suggère d'écouter et de regarder ce film, vraiment. Je dis écouter parce qu'il est sous-titré et que si vous voulez une idée de la langue que j'entends ici, c'est exactement celle du film. Les images donnent bien mieux que les mots la lumière unique du Nord. Et l'histoire, si belle et si cruelle, est basée sur une histoire vraie transmise oralement chez ce peuple. C'est grandiose. Bon film!

Finalement...

...je suis prête à envoyer mes petits et grands événements de la semaine. Je suis dans ma classe, un corbeau plane devant les fenêtres, on dirait un esprit tranquille. Les enfants sont beaucoup moins bavards que les corbeaux. Il est 9 heures environ, le soleil ne s'est pas encore montré, mais le ciel est bleuté.

Comme je vous disais, le paysage m'émerveille chaque fois que je jette les yeux dessus. Les mots sont si difficiles à placer dans un tel contexte! Je voudrais tant pouvoir vous parler avec justesse...

- de la lumière qui s'étire lentement mais sûrement sur les jours;
- des matins bleus à −25 °C;
- des après-midi roses à 14 h 30;
- de l'importance du silence, des gestes et des regards;
- de la fragilité et de la force des êtres;
- de la dureté de la nuit polaire;
- de l'indifférence réciproque entre le Sud et le Nord;
- de l'utilité et de l'inutilité des Blancs sur le territoire;
- de la planète qui fond et de ce que cela implique;
- de tout ce que je ne sais pas sur ces êtres sans arbres, mais aux racines profondes;
- du sentiment monumental d'être à ma place, ici et maintenant.

Voilà comment je me sens ce matin, en vous envoyant mes pensées les plus chaleureuses. Nous sommes ensemble dans cette aventure, je vous porte en moi comme autant de flammes qui m'éclairent et m'aident à avancer dans la lumière. Évidemment, je sais que je ne ressentirai pas cette plénitude tout le temps, mais pourquoi je me priverais de sa saveur unique aujourd'hui?

Je vous aime.

Bon dimanche, bon matin,

Nadia

4

LIEU KANGIQSUJUAQ

DATE DIMANCHE 29 JANVIER 2006

OBJET **Sur un air de violoncelle**
Sous une température stable de −26°C

BONJOUR LES OUIOUIS, me revoilà avec une autre chronique nordique. Cette semaine j'ai intitulé mes histoires: *Notes éparses à propos d'une semaine bien tassée...* Alors, bonne lecture...

Jusqu'à mercredi après-midi, je me demandais presque ce que j'allais bien pouvoir vous raconter, c'était un peu café-boulot-courriel-dodo. Mais je ne perdais rien pour attendre, oh que non...

Car mercredi, en revenant de dîner, coup de théâtre, coup de tonnerre, coup de poing: Reebah s'est mise en colère parce que je lui avais interdit de déranger les autres et d'être impertinente avec moi. Conséquence: séjour à l'igloo. L'igloo est un lieu animé par Lucy, une Inuk vraiment formidable. Quand les enfants ne peuvent plus rester en classe à cause de leur comportement explosif ou de leur refus de travailler (ça arrive), nous les acheminons vers l'igloo avec Lucy. Lucy arrive à tout coup à les calmer, à les faire réfléchir et même à les faire travailler. Et s'ils ont été impolis, elle leur fait écrire des mots d'excuses afin qu'ils prennent conscience de leurs gestes. Ça fait du bien à tout le monde, l'igloo: premièrement à l'enfant qui ne sait plus où il en est, au reste de la classe qui peut alors travailler dans un climat plus sain... et bien entendu à la prof qui peut reprendre ses esprits et se concentrer à nouveau sur l'enseignement.

Je suis remplie d'orgueil et quelquefois il est bien mal placé. J'ai donc attendu longtemps avant de faire appel à Lucy, mais plus maintenant. J'ai enfin compris que c'est avant tout pour aider l'enfant à se ressaisir que l'igloo existe. Donc cette semaine, j'ai fait appel deux fois à Lucy. J'ai eu un mot d'excuses de Joanesie qui était allé un peu loin avec le tigre en lui... et j'y ai envoyé Reebah mercredi pour qu'elle réfléchisse et se calme. J'étais persuadée une heure plus tard que Reebah irait à la récré et reviendrait dans la classe, mais Lucy m'a dit que d'après elle, Reebah n'avait pas assez pensé à son affaire. Doucereuse, celle-ci me disait: «Oui Nadia j'ai réfléchi, je vais être gentille maintenant.» J'ai pris la décision de croire Lucy et j'ai dit à Reebah de rester à l'igloo pendant la récré. Et que je reviendrais la voir ensuite pour qu'elle me dise à quoi elle avait réfléchi puisqu'elle était incapable de me le dire pour le moment.

Oh là là!

Reebah est plus grande et plus grosse que moi. Nous étions trois adultes pour l'empêcher de sortir et elle a réussi à le faire malgré nous. Il lui manquait cependant une botte, à −30°C, c'est pas pratique... Dans sa colère, Reebah m'a poussée sur le palier des escaliers. Sacré mauvais caractère. Elle hurlait en inuktitut, elle était hors d'elle, enragée après tout le monde: elle ne pouvait pas accuser seulement sa méchante Ouioui de professeure, car deux Inuit soutenaient celle-ci. J'étais, encore une fois, éberluée devant tant de rage. Dans un certain sens elle était magnifique, si puissante. Mais Lucy, après que Reebah nous a échappé, s'est mise à rire, elle ne semblait pas du tout impressionnée. C'est vrai que la scène avait quelque chose de comique. Que je n'aie pas remarqué parce que la récré était terminée alors que neuf élèves en revenaient tout joyeux... Véronic a pris les choses en main afin que je puisse retourner dans la classe. Résultat: Reebah suspendue de l'école jusqu'à lundi. Aïe, aïe, aïe.

Après l'école, je me mets à l'ordi pour écrire les évaluations d'expression orale. À la dernière (bien entendu...), l'ordi a «gelé» et j'ai perdu mon document. J'aurais lancé l'ordi par la fenêtre, j'aurais trépigné de rage, j'aurais hurlé comme Reebah. Mais je n'en ai rien fait, je suis une adulte qui se contrôle et qu'est-ce que les concierges de l'école auraient pensé? Je me suis donc dirigée vers la salle d'informatique et j'ai recommencé après trois essais infructueux sur des ordis aux claviers inopérants pour moi. Ensuite c'est l'imprimante qui ne répond pas, re-changement d'ordi, ça y est, j'ai le document en main, il est 18h15. Je recommence à respirer, à sourire du coin de la bouche, un coin caché à l'œil, excepté au troisième. Je me branche sur Internet en me disant: Enfin, ma récompense de la journée, mes précieux courriels, mes amis, youpi! *CANNOT FIND SERVER*. Je regardais l'écran et je n'en croyais pas mes yeux. J'avais beau me forcer, je ne voyais absolument rien de drôle à la situation. J'ai lâché un retentissant «Mange d'la marde tabarnak!» et je suis sortie de l'école aussi en furie que Reebah cet après-midi-là. Ça non plus je n'avais pas réalisé sur le coup à quel point c'était drôle... À la maison, j'ai compilé les notes... pour me rendre compte qu'il en manquait une! J'étais déjà plus calme, car je m'étais cuisiné un curry au poulet (ou un poulet au cari, à votre choix); cette odeur ne va pas avec la colère et le ressentiment. J'ai réessayé Internet. Résultat: encore kaputt.

J'ai croisé Roland, intervenant à la résidence des étudiants qui viennent d'autres villages du Nord, et mon voisin. Il a tout de suite décelé ma fatigue et mon exaspération ou peut-être que ma face parlait d'elle-même. «On est coupé du reste du monde, ce soir alors», qu'il m'a dit gentiment. «Ouin», ai-je répondu la gorge serrée. Mais le fait de me sentir comprise m'avait calmée et j'ai ajouté: «Avant, avec le courrier régulier seulement, ça devait être long longtemps un voyage dans le Nord.»

En sortant, ma récompense m'attendait: des aurores boréales. Moins étendues que les autres que j'avais déjà admirées, plus compactes. Des aurores denses. Elles formaient un collier émeraude sur la nuit noire. J'étais en extase, Roland aussi. À un moment il s'exclame: «Oh, as-tu vu celle-là? Wow!» C'était la fumée qui sortait de la cheminée de l'école! Rires légers. Je lui ai demandé: «Tu trouves pas que les étoiles sont très grosses par ici? On dirait des diamants!» Il m'a répondu: «Oui, car nous sommes plus proches d'elles qu'au Sud! Tu devrais voir ça quand il n'y a pas de pollution, de l'autre côté des montagnes.» Sur ces commentaires pleins d'humour et cette voie lactée parée de bijoux célestes, j'avais enfin retrouvé mon sourire. Nous nous sommes dit au revoir et sommes entrés dans nos tanières respectives. Non mais, quelle journée!

Jeudi : rencontre de parents pas de parents !

J'avais très hâte à ce moment-là: hâte qu'il arrive et hâte qu'il soit terminé. Parce que j'appréhendais la réaction de certains parents: celle de la mère de Julia et de sa grand-mère, qui avaient fait passer un très mauvais quart d'heure à la petite l'automne dernier. Celle de la mère de Reebah: comment allait-elle réagir à la suspension de sa fille? Je me demandais également qui allait venir pour Betsy: sa mère a probablement une maladie mentale selon la rumeur. Mais chez les Inuit, cette maladie n'est pas encore reconnue, donc pas soignée. Selon la rumeur encore, cette femme est alcoolique et plein d'histoires horribles circulent sur elle. Allait-elle se pointer pour faire une scène?

Mais je me raisonnais: j'allais certes informer les parents de certains comportements à transformer chez leur progéniture, mais j'allais surtout leur dire que leur enfant était fantastique!

Je prépare donc la classe, installe quelques chaises dans le couloir en attendant fébrilement mon traducteur. J'avais absolument besoin de lui, avec mon français-seulement-presque, je voulais entrer en contact avec ces gens. Bien entendu avec le regard (j'avais même mis mes verres de contact, donc mes plus beaux yeux bleus), mais avec des mots aussi. Dix-huit heures arrive et je suis encore seule même si les rencontres doivent commencer à cette heure. Ma voisine Julie est bien relax, elle blague avec Aïsa, son traducteur attitré. Après vérifications, attentes, je dois me faire à l'idée qu'il ne viendra pas, mon traducteur à moi! Ce sont des jeunes de cinquième ou sixième secondaire parlant les trois langues officielles de la communauté qui font ce travail. Comme je commence à avoir des visites et que mes yeux doivent dire: mais comment je vais y arriver? Julie me «prête» alors Aïsa...

Les premiers qui arrivent sont vieux. Un couple qui se ressemble. Vous savez, ces gens qui ont passé leur vie ensemble et qui finissent par avoir des traits communs. Ronds, la démarche lente et pesante, ils ne savent pas trop à qui se présenter, car ils ne me connaissent pas. Aïsa leur explique qui je suis;

ils viennent alors vers moi en souriant. Je les fais asseoir, leur demande pour quel enfant ils sont là: c'est pour Noah, mon petit phoque rieur! Et nous passons un très beau moment. Je leur parle, Aïsa traduit, ils se parlent entre eux, Aïsa traduit. Je suis impressionnée par son travail. Ils repartent en riant, je les appelle *ananatsia* et *atatatsia* (grand-mère et grand-père), ils ont l'air ravi. Moi en tout cas, je suis séduite, encore une fois.

Puis c'est le papa de Joanesie. Joanesie vit seul avec lui. Sec, taciturne, l'air préoccupé. Tout de suite je comprends tout le sérieux que Joanesie porte en lui, sa retenue, son agressivité. J'insiste alors pour dire à quel point il a un garçon brillant, curieux et plein de potentiel. Je finis par lui arracher un petit sourire avant la fin de la rencontre. Nous nous quittons, soulagés tous les deux, je pense. Joanesie ne doit pas rigoler souvent dans cette maison. Mais quand même, un père qui prend en charge son enfant, ce n'est pas chose courante dans le coin. Il m'inspire du respect, je pense qu'il l'a senti.

Une autre grand-maman se pointe. Élégante, maquillée, avec un manteau magnifique, au capuchon orné de fourrure de loup. Elle sent le parfum, c'est rare ici. C'est la grand-mère de Peter, le chasseur de loups! Elle me dit (en inuktitut) que la mère est à Kuujuaq et le père occupé, alors c'est elle qui est là. La rencontre se passe donc rondement, je vois qu'elle joue son rôle de grand-mère, mais qu'elle n'est pas très intéressée par les détails. Les parents de Peter sont très attentifs à son développement, j'ai appris d'ailleurs par après que le père avait téléphoné à Véronic pour la prévenir de son absence. C'est le seul papa de l'école à l'avoir fait. Je reconnais là tout l'amour que Peter dégage. Je décide de ne pas dire à la grand-mère ce que je soupçonne pour expliquer les grandes difficultés scolaires de Peter, je me dis que je pourrai en parler aux parents plus tard. Je pense que Peter pourrait être dyslexique, car il inverse des lettres et des chiffres dans sa lecture, entre autres problèmes. Comme je ne suis pas spécialiste, que je connais peu la dyslexie, je suis très prudente, mais j'aimerais beaucoup que Peter soit évalué, pour l'aider le mieux possible. Il est pris dans un genre de cercle vicieux: il arrive mal à lire, à écrire, à compter, cela le démotive et il refuse d'apprendre. En tout cas, c'est à suivre. La grand-mère ne reste pas longtemps, elle repart dans son petit nuage parfumé, tranquillement.

Finalement, la cousine de Betsy arrive. Elle fait le ménage à l'école, on se connaît de vue! Elle parle le français, donc Aïsa peut prendre une pause, ce qui l'enchante, car il trouve qu'il travaille pas mal plus fort qu'il ne l'avait prévu! Je ne dis que des belles choses de Betsy. Sa cousine a l'air étonné. Mais j'ai appris de Véronic une terrible nouvelle avant la rencontre et je ne peux me résoudre à relater les durs moments que Betsy m'a fait passer. Je lui dis qu'il existe deux Betsy: une charmante et une en colère. Mais que depuis quelques jours, je n'ai vu que la charmante, qui veut apprendre, qui est douée et qui a fort probablement un urgent besoin de lunettes. J'insiste sur ce point. Elle repart, en me demandant si je sais que Betsy comparaît en cour lundi à Kuujuaq. Je fais signe que oui, nous nous sommes comprises.

Il est 20 h 15, c'est terminé. J'ai rencontré bien peu de gens ce soir, mais j'apprends qu'il y avait un bingo au même moment. Chacun ses priorités je suppose... Mais j'évaluerai tout ça demain, je suis fatiguée et rentre chez moi. Je pense très fort à Betsy.

Betsy passe donc en cour lundi à Kuujuaq. On en retire la garde à la mère, pour toujours. Elle sera probablement placée immédiatement là-bas, car sa mère pourrait lui faire du mal si elle demeure ici. J'ai le cœur brisé par ce destin si tôt magané. Pourquoi est-ce Betsy qui doit tout quitter? Ce qui arrive à Betsy me fait pleurer à chaudes larmes. Et ne me dites surtout pas qu'il y en a tant d'autres ici et ailleurs sur la planète qui souffrent comme elle, ou pire encore, que je vais m'y habituer. Ce qui arrive à Betsy est violent, cruel et profondément injuste. Son épreuve et mon impuissance à l'aider me chavirent. Ne tentez même pas de me convaincre que mes larmes n'aideront en rien mes nouveaux amis si durement touchés. Vous croyez que ça les aiderait davantage de me durcir devant leur malheur, de prendre une distance? Je suis ici et maintenant avec les élèves, et quand nous sommes heureux ensemble, quand ils me font rire aux éclats, quand je prends leur joie pour me l'approprier, je ne me sens pas le droit ensuite de leur tourner le dos, de me protéger de leur douleur quand elle éclate devant moi. Je crois que cela ne serait pas respectueux de notre rencontre, de leur générosité à mon endroit. C'est la moindre des choses d'éprouver moi aussi leur détresse. C'est si peu, ce n'est pas la mienne, je ne fais qu'en prendre un petit morceau. Je suis humaine. Et j'assume ce privilège et cette responsabilité avec sérieux, avec une grande joie. Peu importe où je me trouve.

Je me couche le cœur gros. Rien qu'à la pensée que je ne verrai peut-être plus jamais Betsy, je pleure encore un p'tit coup. Et je me sens bien égoïste, car je trouve le moyen de pleurer sur ma propre peine.

Pour mon minuscule malheur à moi, Internet n'est toujours pas revenu, mais ce soir-là, je m'en fiche pas mal. Et après tout, Betsy reviendra peut-être, et nous irons glisser tous ensemble vendredi prochain, comme elle le souhaite tant.

**Vendredi, journée pédagogique et, enfin,
un genre de petite tempête de neige...**

Après une nuit de sommeil réparateur, j'arrive à l'école en forme, de la neige jusqu'aux genoux, prête à planifier une super semaine à venir, encore plus déterminée à donner aux élèves tout ce que je peux pour les préparer au secondaire. Mis à part les explosions, les enfants et moi nous sommes rapprochés cette semaine. Je pense qu'ils ont senti à quel point je tiens à eux. Eva me sourit, Qalingo continue de me faire pouffer à chaque fois qu'il me regarde en faisant une grimace, Peter m'appelle « Nédia » en se lamentant que je ne m'occupe pas assez de lui, Julia est venue à l'école l'équivalent d'un jour et demi, et elle était de bonne humeur. Concernant Aida, je mérite presque une médaille ! C'est une jeune timide. J'avais remarqué qu'elle signait toujours Utuqi (prononcez « ou-tou-ri »). Mais l'enseignante précédente n'arrivait pas aisément à dire son prénom, alors elle utilisait le deuxième, Aida. Utuqi n'aimait pas cela. Et elle me l'a fait sentir. Je la comprenais bien, alors j'ai fait des efforts de prononciation et j'y suis arrivée. Elle semblait très contente. Quand j'ai rencontré sa mère vendredi après-midi (elle enseigne ici aux petits de première année), celle-ci m'a confirmé la joie d'Utuqi d'entendre enfin son nom. Et puis Utuqi lui a dit que j'étais gentille et drôle. Hourra ! Et ce n'est pas tout : Elaisa, la réservée, a répondu spontanément quand je posais des questions sur les fractions. Elle a eu l'air surprise, moi, j'ai fait semblant de rien, j'aurais eu peur de l'effrayer. Et puis elle m'a touchée ! Faut préciser qu'il y a beaucoup d'électricité statique à cause de la sécheresse des lieux et que j'en suis une porteuse officielle. Alors elle riait en me piquant, quel plaisir dans nos yeux ! Cathy, une autre prof, ici depuis trois ans, me disait que ce sont des enfants du «senti». Ils *sentent* nos sentiments. J'ai été rassurée: si c'est comme ça, on devrait bien s'entendre. Tout me dit qu'elle a raison. Je fais des progrès avec Noah, il me regarde maintenant dans les yeux, répond à mes questions et rit ouvertement de mes catastrophiques tentatives pour parler inuktitut. Faut dire que nous avons commencé mercredi mon apprentissage de la langue. Chaque matin, les cinq premières minutes sont réservées à ma formation: les élèves m'apprennent des mots de leur choix, je les écris, ils les corrigent et j'essaie de les prononcer. On rigole beaucoup. Sont contents de devenir profs, ne serait-ce que cinq minutes par jour. De plus, ils apprennent à être patients. Ils me voient hésiter, manquer mon coup et recommencer. Une sorte d'attitude que j'essaie de leur enseigner, mine de rien. Et j'apprends! Pas vite, mais j'apprends...

La semaine scolaire se termine donc dans une sorte d'allégresse, j'ai imprimé les courriels que j'ai reçus (merci Christiane!), j'ai même résolu le mystère des claviers bizarres et je suis arrivée chez moi le cœur joyeux... c'est vendredi!

Justement, cette journée-là, trônait dans la salle des profs une grosse boîte pour moi: une balayeuse flambant neuve *Panasonic Powerbrush*. Toute une machine. Elle a même une lumière pour éclairer le tapis. Je suis très inspirée et je m'empresse de lui faire faire un beau grand tour d'appartement en guise de cinq à sept, sur l'air de *King of the Road* de Dean Martin. (Francis, tes disques tournent beaucoup.) Du matériel performant, je vous dis.

Après, c'était tellement propre. Pour vous donner une idée, même la poussière n'osait pas retomber. (Celle-là, je la dois à Mario, qui l'a inventée pour décrire les ménages de Danielle. Merci Mario.)

Et le Scrabble?

La partie a eu lieu chez Christiane, c'était vraiment chouette. Nous étions plus détendus, donc plus bavards. Christiane a même offert du vin, le père Dion a accepté avec joie... et moi j'ai dit: non merci. Vous avez bien lu. J'ai décidé d'essayer l'abstinence totale pour un bout de temps. C'est une expérience fascinante dans mon cas, vous savez comme j'aime le rosé *pis toutt pis toutt.* J'ai décidé d'arrêter tout cela au moins jusqu'en avril, date de la semaine de vacances. (Ah oui, c'est mon anniversaire aussi.) Alors j'ai refusé gentiment. Comme j'étais soulagée quand Christiane a précisé que c'était du vin maison et qu'elle a sorti les coupes en plastique! Encore une bonne raison d'avoir envie de rire... Son appart est plus grand et chic que le mien mais je préfère le mien même si, paraît-il, c'est le pire du village. Ils sont quatre profs dans le bloc, ce n'est pas insonorisé; je préfère nettement mon nid nordique à deux apparts.

Le père Dion était en forme même s'il toussait beaucoup. On a fait deux parties, tellement c'était bien. J'ai commencé à poser des questions. J'ai appris que les Inuit enterrent leurs morts hiver comme été. L'hiver ils dégagent la neige et piochent le sol qui est de la roche en fait. Et ils mettent le corps dans le trou. Quelquefois, quand les gens ont refusé d'être enterrés, les corps sont entourés de roches. J'ai appris que les petits poteaux que je vois au pied d'une des montagnes sont en réalité des croix blanches, c'est le cimetière; en fait il y a trois emplacements. J'ai appris aussi qu'en plus des catholiques, représentés par le père Dion, il y a des anglicans et une secte, le Père insistait là-dessus: pas une religion, une secte: des évangélistes. Fait intéressant: quand quelqu'un meurt, même s'il n'est pas catho, s'il n'y a que le père Dion de disponible, c'est lui qui s'occupe de la cérémonie. Le père Dion a admis qu'il est dépassé par la quantité de jeunes, il n'arrive plus à suivre. Une vingtaine de bébés naissent chaque année. Il explique cela par une meilleure qualité de vie, de meilleurs soins. Mais il relève un paradoxe troublant: depuis qu'il y a des soins de santé organisés, des médicaments, il n'a jamais vu autant de gens malades! Rien à comprendre... Alors nous rions.

Je réalise que tout le monde trouve son compte dans nos vendredis, moi je sais que c'est une occasion unique d'apprendre sur les Inuit. Je m'aperçois que le Père Dion peut aussi en apprendre sur les jeunes, suivre leur évolution même de loin. Il se montrait très intéressé par les élèves de ma classe, moi, fière comme un paon, j'étais contente de dire à quel point ils sont bons, beaux, attachants. J'ai appris que Noah s'appelle ainsi parce que c'était le nom de son frère qui s'est noyé avant sa naissance et qu'il le remplace. Le père Dion nous a raconté cette noyade comme si c'était arrivé hier. Le printemps, la chasse, un canot mal attaché au bord, une tentative fatale pour le récupérer. Les grands-parents de Noah, qui ne pouvaient avoir d'enfants, en ont adopté tout plein. Des bébés de la communauté, des enfants d'autres villages. Noah est le fils d'un de leurs fils. Le Père m'a aussi expliqué un comportement que j'avais observé chez les enfants: leur capacité extraordinaire à passer à autre chose rapidement: un moment dans une colère épouvantable, cinq minutes plus tard radieux. C'est à cause de leurs racines nomades. Ils n'avaient pas le choix, pour survivre, d'être présents à chaque instant, ils n'avaient pas le temps de ressasser un sentiment, il fallait survivre et être prêt à tout, en tout temps.

J'ai gagné haut la main la deuxième partie, j'étais en feu! Faut dire que mes partenaires ont manqué des tours.

On a discuté du pluriel de inuk: inuit. «Inuit» est déjà un pluriel, on ne doit donc pas lui mettre un «s». Mais Christiane a confirmé que, selon l'Office québécois de la langue française, ça en prenait un. Outrée, j'ai dit: «Faut écrire à l'Office, ça n'a pas de sens.» Le Père a déclaré: «Je les ai engueulés, veulent rien savoir.» En tout cas, pour moi, pas question de mettre un «s» à Inuit; j'adopte la logique du père Dion...

À part de ça...

— J'ai retrouvé dans un carnet une phrase que j'ai écrite le 14 mars 2005: *Je voudrais être un roman pour porter une histoire et la transformer à chaque chapitre.* Eh bien, voilà.

— Le violoncelle que j'écoute en vous écrivant vient d'un disque fabriqué par Danyelle du camp littéraire Félix, c'est magnifique et cela s'harmonise très bien avec le paysage, autant intérieur qu'extérieur. Ce matin il y a du soleil, ça fait longtemps qu'on n'en a pas eu, il me semble. La neige a recouvert les montagnes, on dirait un immense foulard de soie blanc qui s'agite délicatement. Tout est si clair, si pur. Le corbeau plane dans le vent d'ouest, devant les fenêtres, juste sous mes yeux. Ça correspond à la paix, tout ça. Rien ne ressemble à un cliché, excepté mes mots maladroits.

Et c'est ainsi que se termine cette quatrième chronique nordique. Salut les Ouiouis, continuez de m'écrire encore et encore.

Je vous embrasse tendrement,

Nadia

SALUT LES SUDÉISTES, ALORS ÇA VA?

Des nouvelles de la classe (vous êtes étonnés, avouez-le)
J'ai commencé à introduire davantage d'expression orale afin
que les élèves améliorent leur français parlé et le comprennent
mieux. Ils aiment ça, et se prêtent volontiers aux exercices,
d'autant plus que je leur présente l'affaire comme des jeux. Je
me suis rendu compte que s'ils ne sont pas meilleurs en français, c'est un peu beaucoup de notre faute, à nous les profs. Il
suffit de deux mots: un verbe et un nom, pour qu'on les comprenne, alors on ne les amène pas à former et formuler une
phrase complète. Je fais donc plus attention. Qalingo, lui qui
a toujours faim, a dû travailler pas mal fort cette semaine pour
avoir ses petits extras de collation que je lui donnais volontiers jusque-là. Ça lui a permis de bougonner à sa guise et,
vendredi, de pouvoir dire enfin d'une seule traite: «Est-ce que
je peux avoir une barre granola, s'il vous plaît?» Quel comique,
ce Qalingo.

Julia est venue une journée et quart à l'école cette semaine, mais elle était en pleine forme. Elle est très brillante, dommage qu'elle ne soit pas plus encouragée.

Noah parle de plus en plus, il devient presque loquace, je ne m'en plains pas.

Elaisa se métamorphose quant à elle en ricaneuse. Je leur ai proposé d'écrire un texte ayant pour sujet: Ma journée parfaite. Par la suite, on pourra illustrer ce texte, le brocher, fabriquer un livre, quoi. Elle a vraiment rigolé, quelle idée loufoque, disaient ses yeux.

Betsy est revenue! Jeudi matin, j'aperçois une silhouette passer devant la porte vers 9 h 30, les élèves étaient à leur cours d'inuktitut. C'était elle, en retard, bien entendu. J'étais si contente! Je me suis même permis de m'approcher et de mettre mes mains sur ses épaules. Elle souriait timidement, elle semblait heureuse elle aussi. Nous n'avons pas encore rejoint les services sociaux, alors j'ignore pour l'instant la décision de la cour.

Reebah nous a encore fait vivre de grandes émotions. Vendredi matin, elle a explosé mais cette fois dans la classe. Elle a levé sa chaise au-dessus de sa tête en hurlant et est venue bien près de la lancer sur Joanesie qui était juste à côté. Ç'aurait pu tourner très mal. Les enfants ont figé, j'ai demandé à Qalingo d'aller vite chercher Véronic et Mark, ce qu'il a fait très rapidement, contrairement à ses habitudes. Reebah peut devenir vraiment impossible. Ça ne m'empêche pas de l'aimer, mais nous ne pouvons tolérer une pareille violence dans un climat d'apprentissage, ça déconcentre, disons (et ça décoiffe, en plus). Elle est si imprévisible! Elle a été suspendue pour la journée. Si elle veut réintégrer la classe, elle devra signer un contrat, sa mère aussi, et à la moindre incartade, elle devra en assumer les conséquences. J'espère vraiment qu'elle décidera de se donner une chance et que sa mère le voudra aussi. Parce que quand elle s'y met, c'est la plus douée de la classe. Ouf, ouf, ouf.

Cette semaine nous avons fait un exercice difficile. À l'école c'est le mois de l'amélioration. J'en ai profité pour leur expliquer ce que ça veut dire par des exemples. Attacher tes souliers : tu ne pouvais le faire seul à deux ans mais maintenant si ; écrire une phrase : tu ne pouvais y arriver en quatrième année, maintenant si ; conduire une motoneige ou un quatre-roues (qu'ils appellent Honda) : à cinq ans, tu ne savais pas comment conduire, mais tu t'es concentré, tu as fait des efforts et tu es devenu meilleur. Et maintenant tu conduis. Insultés qu'ils étaient, ben raide. «Noooooon.» J'ai répliqué : «Peut-être que tu ne peux pas maintenant, mais à force d'essayer, tu vas t'améliorer et un jour tu pourras conduire très bien. — NOOOON.» Ils avaient l'air furieux. Mais alors qu'est-ce qui se passe? «Vous me parlez toujours de motoneige, de Honda, vous ne voulez pas apprendre à conduire?» Peter, un des plus offusqués m'a alors dit : «À cinq ans, moi conduire Honda très bien. Moi conduire à quatre ans!» J'ai compris que mon exemple était bien mal choisi...

Comme ils tardaient à trouver un objectif personnel (non les jeunesses, «objectif», ça ne veut pas dire gros, rapide ou souriant, ce sont des «adjectifs»), j'ai mis la classe à contribution. Les élèves ont alors parlé plus spontanément et nommaient volontiers des éléments susceptibles d'être améliorés, ça leur permettait de se taquiner en même temps. Mais c'est l'élève qui faisait son propre choix parmi les suggestions de ses camarades. Eva, après bien des hésitations a choisi : je vais arrêter de fumer... à l'école. Moi, pour m'améliorer, je ne dois pas me fâcher, mais je leur ai confié que si tout le monde s'améliorait, je n'aurais aucune raison de me fâcher. C'est vraiment rare que je me fâche, mais contrairement à ce que je croyais, je pense que ç'a un certain effet...

Elaisa et Utuqi ont choisi de parler davantage. En fin de journée, c'est l'auto-évaluation. Ça donne toute une sensation d'avoir le pouvoir de s'attribuer une note. Par réflexe, ils cherchent quand même à obtenir mon approbation. Je ne fais invariablement que leur retourner la question: «Et toi, trouves-tu que tu as parlé plus? Trouves-tu que tu es arrivé à l'heure?» Joanesie, le plus orgueilleux, celui qui veut toujours être le meilleur en tout, au point d'en effrayer les autres, a écrit «non» pour jeudi. Son objectif: je serai plus poli. Je l'ai chaudement félicité pour sa grande honnêteté. Son sourire était magnifique.

Vendredi 14 h 15, nous nous habillons et quittons la classe pour aller glisser. Moments de bonheur. Au début, je suis étonnée: «Vous n'avez pas de traîneau?» Tout le monde rigole. Ils parlent en inuktitut, mâchent de la gomme balloune, mais je les laisse faire, c'est vendredi, on est bien, je ne me sens pas du tout exclue du groupe, j'ai ma place parmi eux. Et j'en profite pour tenter d'apprendre des mots, mes cours ont un peu pris le bord cette semaine (ça ne leur tentait plus d'être prof, quelle drôle d'idée aussi, d'enseigner). Nous nous dirigeons vers l'une des montagnes, au sud, en face des fenêtres de la classe. On marche dans la neige, sur la glace, en traçant notre chemin à mesure. Les jeunes sont vraiment dans leur élément. Calmes, ils ne parlent pas fort, ne laissent personne seul, ne se plaignent pas, ils avancent lentement mais sûrement. Ils se mettent à grimper, moi derrière, ils sont réellement agiles, à quatre pattes par moment, car la montagne est drôlement à pic! Quand ils se trouvent assez haut, ils sautent et glissent...

tout simplement. Je comprends qu'utiliser un traîneau serait suicidaire. Quand ça ne va plus assez vite, ils roulent sur eux-mêmes, et je retrouve un de mes jeux d'enfant. Les plus téméraires, Elaisa, Peter, Qalingo et Joanesie grimpent toujours plus haut. Ils s'installent debout sur un rocher et sautent dans les airs avant de se laisser glisser. J'essaie de ne pas trop penser à tous les risques de cassures ou de blessures, pour admirer encore une fois leur force et leur agilité. J'ai raison, car personne ne se fait mal. Et je ne passe pas pour une prof *boring*, ce qui constitue un grave défaut presque un délit ici.

Enfin, nous repartons tranquillement vers l'école, passons par l'un des trois cimetières, calculons l'âge des morts. J'ai vraiment apprécié ces instants de pur enchantement, eux aussi je pense. Le paysage, vu de la montagne, était fabuleux. Tout simplement.

Je remarque des petites fleurs rondes qui émergent de la neige. Boules de velours doré, sur tiges ténues, qui me paraissent bien fragiles, mais qui se tiennent tout de même debout dans la neige, par grand vent et grand froid. L'analogie est facile à faire avec les êtres fantastiques que j'accompagne. N'est-ce pas plutôt eux qui m'accompagnent? Par moment je ne sais plus trop.

On se crie salut, chacun prend le chemin de sa maison, moi celui de l'école. Le «salut Nadia, bon' fin de semaine!» de Noah me va droit au cœur.

Ma première visite

Vendredi soir, soirée de Scrabble chez moi. Ce qui est chouette avec la visite, c'est que ça permet de faire un peu de ménage. Je pense que tous les trois nous apprécions vraiment nos vendredis soirs. Le père Dion en a vu bien d'autres, mais il semble tout de même être content d'être là. Il regarde partout, sans gêne, j'aime ça. Nous avons joué au Scrabble, mais c'était plutôt une soirée de discussion philosophique sur le Nord. Il s'ouvre de plus en plus et hier, il nous a livré bien des commentaires pertinents et éclairants sur le mode de vie des Inuit, sur la transformation radicale de celui-ci.

Un moment, il nous a dit: «S'ils ne réagissent pas, ils vont être décimés. — À cause des Blancs, à cause de la sédentarité? — À cause du sida et de la drogue.» Je suis un peu abasourdie devant ce constat, car je n'ai pas entendu parler de sida depuis mon arrivée. Le Père dit: «Non mais, les professionnels de la santé le savent; personne n'en parle, on ne peut pas savoir exactement ce qu'il en est, mais je sais moi que ça se répand.» Je repense immédiatement à la distribution, un après-midi, de gants de caoutchouc. Véronic a précisé que c'était pour manipuler les enfants, s'ils se blessent. Je ne suis vraiment pas au bout de mes surprises... Le père Dion est un homme qui peut raconter loin en arrière et qui voit loin devant, je pense. Mais j'espère, pour une fois, qu'il a tort.

On en apprend aussi beaucoup sur les relations complexes Blancs-Inuit: les Blancs seraient devenus nécessaires aux Inuit, car ceux-ci disparaîtraient rapidement s'ils étaient laissés à eux-mêmes. Ils disent: «Y a un problème, on va demander aux Blancs, ils vont le régler.» «C'est ainsi que les Inuit réagissent maintenant, dit le Père. — Mais ils sacrifient ainsi leur autonomie, donc leur pérennité, ai-je fait remarquer spontanément. — Eh oui, voilà le terrible enjeu.»

Cela a mené la conversation (passionnante) vers le système d'éducation mis en pratique au Nunavik. Selon le Père, il faudrait une importante réforme. Et il a une idée très précise de la manière dont elle devrait être faite. Quand, un jour, il a exposé son point de vue au directeur de la commission scolaire Kativik, il a été traité de ségrégationniste, rien de moins.

Sa réforme est pourtant bien simple et, pour l'essentiel, tient en peu de mots:

1. Abandonner la pratique de l'«inuktitut seulement» jusqu'en troisième année. Intégrer la deuxième langue (anglais ou français) dès la première année. Ainsi, si les jeunes Inuit descendent dans le Sud un jour pour étudier, travailler, voyager, ils pourraient véritablement comprendre et communiquer dans cette deuxième langue.

2. Abandonner l'alphabet syllabique, introduit par un Blanc il y a plus de cent ans. Les enfants pourraient ainsi se concentrer sur un seul alphabet et auraient plus de chances d'écrire sans faute. Actuellement, ils ne savent pas vraiment écrire l'inuktitut, même avec l'alphabet de 26 lettres. «Ils écrivent n'importe quoi, n'importe comment, ils font beaucoup de fautes. »

3. Inculquer très tôt aux enfants le sens du travail. Discipline, concentration, efforts, devoirs à la maison. J'ai fait remarquer que même si nous souhaitons leur transmettre ces outils d'apprentissage, l'enfant a très peu de chance de les intégrer si le milieu ne reconnaît pas la valeur de ces outils, tout comme au Sud, d'ailleurs (n'est-ce pas, François Lapointe?).

4. Le Père a ajouté: «C'est pour cette raison qu'il faut faire des classes pour les *plus doués*, ceux qui veulent réussir et dont les parents sont soucieux de l'avenir. Actuellement ils ne sont pas préparés du tout aux exigences du Sud, donc les rares qui descendent étudier là-bas n'y retournent jamais après le congé de Noël. On a conçu des cours sur mesure, on a créé des classes pour ceux qui ont des difficultés

d'apprentissage ou de comportement, on a débloqué des budgets faramineux, on a fait venir des orthophonistes etc, mais rien pour les meilleurs. À force de voir leurs camarades faire n'importe quoi, ceux-ci font n'importe quoi aussi. »

C'est pour avoir proposé cette réforme qui m'apparaît pleine de bon sens dans ses principes qu'on a traité le Père de ségrégationniste, imaginez. Parce qu'il prévoit l'avenir et s'en inquiète. « On n'a aucune infirmière inuite, aucun prof d'anglais ou de français inuit, aucun comptable, architecte inuit, etc. Et je ne crois pas qu'on soit près d'en avoir. Les Blancs occupent ces postes. »

Je suis reconnaissante au Père de ne pas lâcher le morceau, de tenter de transmettre ses idées à des profs, même s'il y a bien peu de chance que nous en fassions quelque chose, que nous passions réellement à l'action. Christiane et moi sommes demeurées silencieuses, soudain pleinement conscientes de la futilité de nos efforts, de l'immense travail à accomplir pour faire changer les choses. Je pensais à Joanesie, à Elaisa, à Qalingo, si brillants, mais qui n'ont pratiquement aucune chance d'étudier dans le Sud un jour car trop mal équipés pour le faire. Que vont-ils devenir ? Le Père, lui, était bien calme, il sifflotait comme s'il revenait de la pêche. Au fond, il venait, encore une fois, de tendre des filets sans savoir s'il y aura éventuellement une récolte. Il a une espèce de confiance absolue. C'est peut-être ça, avoir la foi.

J'ai vraiment de la chance de le côtoyer, c'est un honneur. Je lui ai acheté sa biographie, *Cinquante ans au-dessous de zéro*, écrite par Raymonde Haché, éditée chez Anne Sigier en 2005. Quand il partait, je lui ai demandé : « Savez-vous si vous en avez vendu beaucoup ? » Il m'a répondu, faussement indifférent : « Il est en réimpression maintenant. » Après son départ, j'ai ouvert le livre et j'ai lu d'une traite les 50 premières pages ! C'est écrit au « je », au présent, c'est simple. C'est vraiment le père Dion avec qui je joue au Scrabble le vendredi soir. Allez vite acheter ce livre, faites-le acheter à vos bibliothèques de village, de quartier, c'est une source de connaissances du Nord différente de l'approche documentaire qui, bien qu'essentielle, est amputée du quotidien des Inuit et surtout de toute la transformation que le père Dion a vu s'opérer si rapidement dans leur mode de vie et dont il témoigne simplement, précisément, au plus près du réel. J'espère avoir bien compris ce qu'il nous a exposé. J'espère ne pas trahir sa pensée en vous la confiant

Le quotidien culinaire...

Je fais l'épicerie à la Coop, gérée et fréquentée surtout par des Inuit, surtout entre 17 et 18 heures en semaine, et au Northern, géré par des Blancs et fréquenté par des Inuit et des Blancs. Les deux commerces sont des espèces de magasins généraux de village, la Coop a un peu plus de stock et le Northern est un peu moins cher. Oui, les Ouiouis, il y a des légumes et des fruits, et quand l'avion-cargo arrive, nous n'avons rien à envier à certains départements semblables du Sud, par exemple ceux de Bic et de Port-Cartier. Bien entendu il y a moins de diversité, mais je m'y suis vite habituée, n'étant pas du tout de tendance végétarienne. Pour les prix, j'ai fini par comprendre que ça va avec le poids. Par exemple j'ai payé des échalotes 0,89 $ et un piment rouge 2,59 $, ce qui ressemble aux prix du Sud mais j'ai déboursé 7,49 $ pour une boîte de 900 grammes de riz Uncle Ben's. Il y a beaucoup de bouffe surgelée de type McCain, les Inuit en semblent friands, et de ce côté la variété ne manque pas: de la pizza pochette à la poutine (dont j'ignorais l'existence en surgelé).

Cette semaine, autre moment mémorable: j'ai reçu mon premier poisson frais, un omble de l'Arctique, 30 cm, d'arêtes seulement. Je me suis mitonné ce délicieux poisson et j'ai savouré goulûment. Mais il ne faut pas révéler à qui que ce soit que j'ai reçu ce cadeau, car il paraît que les Inuit n'ont pas le droit de donner de viande ou de poisson aux Blancs.

Lucie enseigne la cuisine à ceux et celles qui sont en cheminement particulier. Et, une fois aux deux semaines, ils vendent leur production; jusqu'ici j'ai acheté de la sauce à spaghetti, des nouilles chinoises et des baguettes de pain. J'apprécie beaucoup ces jeudis, car faire de la bouffe au quotidien pour une personne, ça peut devenir *boring* pas mal. En tout cas pour moi.

Un mot sur la luminosité...

La longueur des jours change de manière spectaculaire. Le soleil se lève maintenant à 7 heures et il y a des lueurs jusqu'à 17 heures environ, c'est fascinant. Bientôt j'aurai plus de lumière que vous. Je suis complètement charmée et intriguée par cet aspect du Nord.

Ce matin, le ciel est clair et bleu. Je regarde là-bas, à l'endroit où nous avons glissé vendredi; nous y avons laissé quelques traces visibles, arabesques géantes, filets de neige minces mais incrustés. J'ai l'impression que je ne vois plus la montagne de la même manière. Je pense que je suis en train d'intégrer le paysage en moi. Rendre par écrit la fulgurante beauté de ces lieux m'apparaît encore comme une tâche quasi impossible. Encore cette semaine, je me sens à ma place, ici et maintenant.

J'aime les élèves de plus en plus et vous, toujours autant,

Bonne semaine, à bientôt, merci encore de me donner de vos nouvelles,

Nadiouioui

ALLO VOUS AUTRES,

Encore une semaine de passée, comme le temps file. Aujourd'hui, dimanche gris, le ciel est couvert. On dirait une immense photo en noir et blanc, mais c'est encore une fois splendide.

La classe

Une bonne semaine, on se connaît de mieux en mieux, alors on rit davantage, on se chicane avec plus d'adresse et on est au courant des limites de chacun ; on peut donc les repousser avec audace... Je dirais que ça résume bien l'esprit de la classe.

Reebah a respecté son contrat, elle n'est même pas allée à l'igloo cette semaine. C'était la Reebah *cool*, rieuse, moqueuse, celle que j'aime tant côtoyer, et je ne suis pas la seule.

Utuqi a été malade deux jours, une amygdalite.

Peter s'est absenté vendredi après-midi. Il partait avec son père et quatre autres jeunes camper en fin de semaine avec les chiens. Il était très heureux, je le comprends et l'envie.

Eva a continué de fumer aux récréations, ça l'empêche d'avoir de bonnes autoévaluations. Je vais peut-être lui en parler la semaine prochaine, lui suggérer de trouver un objectif supplémentaire qui lui permettrait d'écrire « très bien » de temps en temps...

Joanesie est un solitaire, je le constate de plus en plus. Je pense que le fait qu'il soit enfant unique le différencie profondément des autres, qui ont tous des frères et des sœurs. En plus, il vit seul avec son père. Quelquefois je le sens si malheureux, si isolé dans son univers aride. Il n'a pas appris à vivre avec les autres, il est donc maladroit, peu chaleureux, ce qui le singularise, et ce n'est pas une bonne chose pour un Inuk. Mais il est quand même rieur, il aime se mesurer aux autres, c'est sa manière d'être avec eux. L'important c'est qu'il gagne, ce qui lui arrive la plupart du temps, alors la plupart du temps, ça va.

Betsy va peut-être partir, finalement. J'ai appris que le procès n'est pas terminé. Il se poursuit le 21 février, ce qui expliquerait son retour parmi nous. J'essaie de ne pas trop penser à tout cela, je profite au maximum de la présence de Betsy et j'essaie de lui donner plein d'amour et de joie. Je fais tout pour qu'elle se sente en sécurité et à l'aise dans la classe.

Les phrases en français se complètent de mieux en mieux... ainsi que les cœurs. Cette semaine, dans un jeu d'expression orale, les élèves devaient se grouper deux par deux. La classe au grand complet voulait se placer avec Elaisa. Je leur ai lancé un défi : le premier ou la première qui dit une phrase *complète* pourra le demander à Elaisa. Oh là là ! « Est-ce que je peux travail Elaisa ? » (pas tout à fait) « Elaisa peut travail moi ? » (pas encore) « Elaisa et moimoimoi ? » (non, ça n'y est pas du tout). Lorsque Qalingo, dans le feu de l'action, s'est mis à crier : « Est-ce que je peux avoir une barre granola s'il vous plaît?», j'avais très envie de rire, mais je ne pouvais évidemment l'exprimer sans risquer de le blesser, alors je me suis retenue. Maintenant à chaque fois que j'y pense je ris, je ris. Si Qalingo retient une seule phrase en français, ça risque d'être celle-là. Finalement Reebah a réussi la première une phrase complète, mais Elaisa a refusé: «Non, je ne veux pas travailler avec toi.» (Pour Elaisa, cela représente un discours, un long.) Peter a essayé à son tour, Elaisa refusé à nouveau. Finalement, elle s'est tournée vers moi en soupirant: «Je veux travailler avec Qalingo.» Lui, il boudait déjà dans son coin, épuisé par ses efforts et découragé par son échec. Il en a rougi de plaisir. Et pour un Inuk, rougir de plaisir, je ne sais pas si vous avez une idée, mais ça demande beaucoup de plaisir... Il est allé s'installer avec elle, au soleil, et personne n'a osé se moquer, ces deux-là ont le respect de leurs pairs, ça c'est clair, eux si prompts à la taquinerie. Du coup, Reebah est allée se placer avec Joanesie, pourtant ils se déclarent la guerre aussitôt qu'ils en ont l'occasion. Tout le monde a travaillé, parlé, ri dans le calme, encore un très bon moment pour ma collection de trésors nordiques. Peter s'est dessiné des moustaches avec un crayon feutre, il était drôle, ce grand bébé lala.

Le père Dion m'a appris qu'un garçon inuk ne devient adulte qu'à 30 ans. Avant, c'est un petit garçon et, à la mi-vingtaine, c'est un adolescent. Un peu comme dans le Sud, finalement. Les points communs sont si rares, il faut bien les souligner...

Il y a des moments qui me donnent envie de démissionner sur-le-champ... Mon entreprise d'expression orale connaît un certain succès, les enfants font des progrès, mais à quel prix... Souvent, pratiquement couchés sur leur bureau, plusieurs scandent: « Je ne sais pas. » D'autres disent carrément: « Moi pas travailler, pas travailler » en stéréo. Et ils placotent entre eux en inuktitut, comme si je n'étais pas là. Dans ces moments, si je m'impatiente, ça les fait rire, c'est à virer folle. Qalingo ou Peter se mettent à répéter systématiquement tout ce que je dis, ils savent très bien imiter un ton. Plus je m'impatiente, plus je suis facile à imiter, plus je m'énerve, plus ça rigole. Si quelqu'un parmi vous a un ego trop gros, mes nouveaux amis peuvent vous le rapetisser en une demi-heure maximum. Garanti.

Quelquefois ils réussissent facilement un problème, le lendemain c'est comme s'ils ne l'avaient jamais résolu: « Je ne sais pas. » Et ils rangent tout simplement la feuille dans leur pupitre et se mettent à parler, à se promener, à se chamailler. Quelquefois Betsy décide de sortir et d'aller prendre une marche dans l'école. Ça peut devenir vraiment pénible par moments. Et je dois adopter leur attitude de l'instant présent parce que si je reste fâchée, c'est tant pis pour moi. Quand ils se montrent intéressés, je dois saisir l'occasion, sinon on perd encore une heure. Et c'est long, une heure, à tenter de rétablir un calme relatif...

Ces enfants font exactement ce qu'ils veulent. L'école, une prof ouioui en plus, l'idée de réussir ou de ne pas réussir une année, tout ça n'a aucune importance pour eux. Je pense qu'ils *acceptent* de travailler, pour passer le temps. Alors, autant remplir des pages, répéter des phrases ou faire des calculs. Peutêtre que ma vision va changer et que je vais découvrir une certaine utilité au travail que je fais, mais j'ai de moins en moins d'illusions. J'essaie de vivre le présent, de ne pas m'en faire et surtout d'éviter de travailler dans un esprit de réussite scolaire. Comme me le soulignait Christine, de Rimouski, à mon arrivée, l'école, pour plusieurs, c'est un refuge, un lieu pour développer l'estime de soi. Ce n'est quand même pas rien. Je constate tout de même des améliorations dans l'expression orale, je considère cela comme des grandes victoires... pour moi.

Je fais de mon mieux pour me concentrer sur les beaux moments, il y en a quand même plusieurs. Quand j'écris cette chronique durant la fin de semaine, je dois faire un effort pour me souvenir des moments difficiles, mais je sais qu'ils ont existé, et je veux être au plus près du réel dans mes comptes-rendus. Les journées sont comme des lignes pointillées, rien ne dure jamais bien longtemps. Bien entendu, le fait que je fasse travailler l'expression orale amène le climat « champ de bataille ». Je pourrais les faire taire (enfin, je me surestime peut-être), les faire asseoir et leur donner une tonne d'exercices sur papier, mais je choisis la route difficile, je ne me vois pas faire autrement. *C'est comme ça*, comme les élèves me répètent souvent.

Pierre et le loup, version Kangiqsujuaq

Mercredi, les jeunesses (j'aime les appeler ainsi, parce qu'ils ne sont plus vraiment des enfants, mais pas encore des ados, à 12 et 13 ans) se lançaient des objets dans la classe dès que j'avais le dos tourné. Un projectile m'arrive en plein front, faut croire que j'avais pas toujours le dos tourné. Je demande: « Qui a lancé cela? — C'est Joanesie », me répond Reebah. Je le réprimande un peu, et celui-ci en colère me répond: « *No way*, ce n'est pas moi. » Je me retourne vers Reebah qui avoue son mensonge, je m'excuse auprès de Joanesie... et leur demande s'ils connaissent *Pierre et le loup*? Non.

Me voilà engagée dans le récit de Pierre, qui n'allait pas dans la forêt, mais sur la montagne. Il criait: « Au loup! » Les habitants du village qui venaient à son secours étaient les parents des élèves: l'un était chasseur, la mère de l'autre travaillait chez le dentiste, le grand-père réparait une table, un autre père travaillait pour la Reglan (société minière qui exploite le cuivre et le nickel dans le Nord), un autre construisait des maisons. En tout cas, tout le monde était bien occupé et devenait de plus en plus exaspéré par l'attitude de Pierre qui ricanait tout le temps de son bon coup, comme les enfants de la classe d'ailleurs. Dans ma version, Pierre se fait manger par le loup, rien de moins (d'ailleurs je ne sais plus trop ce qui arrive à Pierre dans la version originale: est-ce que le chasseur du petit Chaperon rouge ouvre le ventre du loup et y découvre Pierre? Quelle surprise il a dû avoir!). J'ai dit aux élèves: «Avant de crier au loup, pensez-y deux fois, si vous voulez que l'on vous fasse confiance.» Ils ont eu l'air de se ficher royalement de la morale de l'histoire, et je les comprends; par contre ils ont réclamé d'autres histoires. Encore un beau moment. Mais il a bien fallu continuer à expliquer les transformations de fractions en nombres décimaux...

Le local commence à me ressembler. J'ose de plus en plus l'aménager à mon goût, les enfants ont l'air d'apprécier, et ça m'encourage à poursuivre. J'ai installé un coin lecture. J'ai placé une table avec une nappe, comme ça ils peuvent aller lire dessous, comme ils aiment. J'ai dégagé une tablette pour y mettre des livres que j'ai trouvés bien cachés dans l'armoire qui était verrouillée. Alors quand ils ont terminé un exercice, ils peuvent lire en attendant les autres. Voilà un autre aspect du travail qui peut devenir essoufflant: s'arranger pour que tout le monde ait quelque chose à faire tout le temps alors que chaque élève a un rythme d'apprentissage différent. Ça me rappelle beaucoup mon primaire. J'en ai passé, du temps, dans le coin lecture... Vous voyez ce que ça donne.

De temps en temps Reebah s'installe sur le coffre et lit des histoires aux autres: je suis certaine que c'est ce qu'elle a vu faire. Les autres sont assis par terre et jouent aux élèves et elle joue à la prof. Elle leur montre les images, comme s'ils ne les voyaient pas. Ce qu'on peut avoir l'air con, les adultes, quand on lit des histoires aux enfants.

Cette semaine on est allé à la bibliothèque de l'école, tous étaient vraiment contents et le manifestaient. J'étais bien fière de moi. Ils n'y étaient pas allés de l'année! À partir de maintenant on va s'y rendre au moins une fois par semaine. Bien sûr, c'est un peu étrange de les voir se coucher sur les étagères, mais ça ne me dérange absolument pas. L'important pour moi, c'est de les voir ouvrir un livre, et de les observer quand ils tentent de décoder une histoire. Ça me touche, car pour moi la lecture est une grande passion, c'est un rempart si formidable contre les moments crasses de l'existence. Si je pouvais leur transmettre cet amour des livres, c'est comme si je leur offrais un antidote pour le reste de leur vie.

Les autres profs

Vous me posez des questions sur les collègues. Je n'ai pas beaucoup de contacts. C'est pour cela que je n'en parle pas. Bien entendu tout le monde est gentil, affable et poli, mais nous sommes très occupés, mine de rien. Je sais qu'il y a des *partys* la fin de semaine, j'ai déjà refusé quelques invitations. Ça ne me tente pas, que voulez-vous que je vous dise. Peut-être qu'avec le temps, je vais avoir envie de socialiser en dehors des heures de travail, mais pour l'instant, j'ai pas eu de coup de cœur, alors je laisse les semaines passer et je me dis que ça viendra... peut-être. Je suis une sociable sauvage, *c'est comme ça.* Et puis, il y a quand même les vendredis soirs en trio, qui me conviennent très bien pour l'instant.

Les chiens libres

Dans le village, il y a beaucoup de chiens qui se promènent. Des jeunes chiens surtout. Ils accompagnent les enfants à l'école. Le matin, quand je sors chercher les jeunesses, il y a plusieurs chiots qui jouent. Des chiens «ados» aussi. Ce sont des animaux silencieux, indépendants, joyeux, un peu comme les Inuit finalement. Ils viennent vers moi, et comme je n'aime pas beaucoup les chiens, ils le comprennent bien vite et continuent leur chemin. Ils ne bondissent pas sur moi, n'essaient pas de me bouffer les parties intimes, ne jappent pas. Je vais finir par les aimer eux aussi, s'ils continuent à si bien se comporter.

Christiane m'a dit qu'elle avait observé chez eux des comportements territoriaux. Ils ont l'air comme ça de bien s'entendre, de se mélanger aisément, mais non. Il y aurait la gang d'en haut, celle du bord de la baie, une autre gang du Northern, etc. Et si l'un d'entre eux a la mauvaise idée de vouloir intégrer un groupe qui n'est pas le sien, il se fait attaquer. J'ai vu un chien blessé vendredi matin, c'était peut-être ce qui lui était arrivé.

Le vent

Cette semaine, gros vent du nord-ouest de mardi à jeudi. La neige formait un quartier de lune autour de mon appart. Ça tourbillonnait en masse, les bâtisses gémissaient, leurs lamentations me faisaient penser à celles des chiens de traîneau qui veulent aller courir mais qui restent attachés à leur attelage. Roland m'a lancé, un soir que je sortais: «Mets des roches dans tes poches.» Je l'ai trouvée bien bonne, c'est une belle expression.

Vendredi soir de Scrabble

Cette semaine, rendez-vous chez le père Dion qui nous attendait, le jeu était sorti, prêt pour jouer. Une soirée plus tranquille, car moi, j'étais vraiment fatiguée, alors j'étais moins
questionneuse. Le Père, lui, avait le fou rire, il riait à la moindre occasion, ça adonnait plutôt bien avec mon humeur. À la
deuxième partie, Christiane a mis ma patience à rude épreuve,
elle a pris une demi-heure pour jouer son tour, c'est elle-même
qui l'a souligné en plaçant finalement ses lettres sur la table.
Le Père et moi, on n'osait plus parler parce que, dès qu'on
abordait un sujet, Christiane lâchait ses lettres et se mêlait à la
conversation. Bref, la deuxième partie achevait et je pense
qu'on était bien soulagés tous les trois. Soudain, coup de théâtre provoqué par votre chroniqueuse elle-même! D'abord j'ai
vidé la p'tite poche rouge vin des dernières lettres, en soupirant d'aise. La table était pleine, excepté la ligne d'en bas, occupée par une seule lettre, un «N» sur le *compte triple* du milieu.
Eh bien, quand mon tour est arrivé, j'ai placé «noyèrent». Un
Scrabble + un *compte triple!* Cent un points, mesdames et
messieurs, vous avez bien lu. Le Père et Christiane parlaient
poisson, c'est-à-dire qu'ils ouvraient et fermaient la bouche
sans qu'aucun son ne sorte. Le Père a fini par dire: «J'ai jamais
vu ça.» Je jubilais, est-ce utile de vous le préciser? Je me suis
quand même retenue de fredonner *Na Na Na Na Hey Hey
Goodbye*, on n'était pas au Centre Bell. J'ai quand même dit:
«Youpi!» (Après tout, c'est la mascotte du Canadien...)

La semaine prochaine, pas de Scrabble: le Père s'en va à
Kuujjuaq jouer en anglais. Bien entendu il y va pour affaires
religieuses mais il en profite pour jouer en anglais avec le
couple qui s'occupe de Dieu à cet endroit.

En terminant...

Je voudrais vous remercier pour vos lettres d'encouragement. Frankie a imaginé vos dimanches matins occupés à lire ma chronique, chacun à votre façon, dans votre intimité. Ça m'a fait chaud au cœur. Caroline m'a fait parvenir une boîte pleine de surprises, pour mes amis et moi. Michelle m'a confié qu'on «s'arrachait» mes chroniques à l'Auberge du vieux Bicois, rien de moins. Et d'autres encore — Geneviève, Christian, Lisette, Françoise, Annick — m'ont écrit des choses qui m'encouragent non seulement dans mon quotidien, mais aussi dans l'écriture de ces chroniques: merci beaucoup. Votre présence est vraiment stimulante, elle remplit mon cœur de reconnaissance et de joie.

Je vous embrasse et je vous aime,

Nadia

La classe

CETTE SEMAINE, QUATRE JOURS DE CLASSE, une journée pédagogique. Ça donne du *spring* dans les bottines, autant pour les jeunesses que pour la prof. Alors, tout a passé très vite. Comme il y a eu des absences, on en a profité pour poursuivre le travail d'expression orale : prononciation correcte et phrases complètes au menu. Officiellement, des jeux, toujours des jeux.

Reebah est venue à l'école seulement lundi et mardi. Mercredi, elle est partie le matin avant la récré. Elle était « malade ». Mon œil. Elle ne voulait plus respecter son contrat et savait que moi, je le respecterais. Elle a compris que son règne de terreur est terminé, pour moi en tout cas. Alors elle a préféré s'en aller. Ce qui a une certaine logique : elle respecte sa parole tout en préservant sa « rebellitude ». J'ai su qu'aucun prof de l'école ne voudrait l'avoir dans sa classe (évidemment on ne dit pas ça à la remplaçante la première semaine). Des profs du secondaire m'ont confié la voir arriver avec une certaine appréhension. Pourtant je trouve qu'on s'en tire plutôt bien elle et moi. Mais je me demande comment elle va se comporter lundi matin.

Betsy n'est pas venue mercredi et jeudi non plus. D'après moi, elle s'offre des vacances avant le procès. Je la comprends. Envoyez-lui des bonnes ondes le 21. Je ne crois pas la revoir lundi, elle sera probablement en route pour Kuujjuaq. Tout ce que je souhaite, c'est qu'il lui arrive le mieux. Bien entendu j'aimerais que ce «mieux» passe par notre classe jusqu'à la fin de l'année scolaire.

Julia s'est pointée quand même deux matins cette semaine, entre la récré et le dîner. L'an prochain elle ira en cheminement particulier avec Lucie en cuisine. Pour le reste de l'année, Véronic et moi avons décidé de laisser aller les choses: on la prend quand elle est là, et si elle déconcentre trop les autres on l'envoie à l'igloo sans faire de vagues. Ça me dérange quand même cette manière de baisser les bras. Mais Véronic m'a expliqué que l'équipe a essayé différentes solutions avant que j'arrive. Cette jeune fille est réellement brillante quand elle s'y met (je sais, je dis ça de tous les enfants, mais que voulez-vous, c'est vrai). Et elle est sensible à l'affection que je lui porte. Quelquefois, elle me sourit avec sincérité, quand je la félicite de sa grande capacité à comprendre vite.

J'ai remarqué que Reebah, Joanesie et Qalingo ne semblent pas avoir dépassé le stade oral. Ils ont toujours quelque chose dans la bouche, n'importe quoi: gomme à effacer, papier, crayon, trombone, bijou (dans le cas de Reebah). Pas comme des tics d'ados, mais vraiment comme des bébés. Et ils refusent de s'enlever ces objets de la bouche à moins que je ne devienne très très insistante. Ça devient troublant. La majorité des membres du groupe sont les plus grands cracheurs que j'ai rencontrés. Régulièrement, ils se lèvent pour aller cracher dans la poubelle. Les enfants des autres classes font la même chose. Au début, je les regardais en me disant : bon, il a le rhume, mais non, même sans rhume, les filles comme les garçons crachent régulièrement. Je me demande si c'est culturel ou physique. C'est à suivre. De plus, et ce pour l'ensemble de la classe, ils aiment bien se décrotter le nez et péter, ils font ça, je dirais, «naturellement» : personne ne rit ou ne s'en offusque. À part Qalingo qui rit de bon cœur, mais il ne peut s'empêcher de rire de tout, *anyway*.

Eva est mise à l'écart systématiquement. Personne ne veut travailler en équipe avec elle à moins d'y être forcé. Peut-être parce qu'elle est différente à cause de ses problèmes d'audition. Les Inuit supportent très mal la singularité. Le père Dion m'expliquait qu'un Inuk *est* ce que les autres disent qu'il est. Par exemple, si un Inuk est catégorisé méchant, il devient méchant même s'il ne l'était pas auparavant. Une inuk est réputée folle, elle le devient. C'est le groupe, toujours le groupe qui détermine l'individu. Je comprends de mieux en mieux ce système. Eva est catégorisée «niaiseuse», elle agit donc en conséquence. Mais en réalité, sur papier, elle réussit très bien, mieux que la plupart : elle peut écrire des phrases complètes, elle peut en composer, elle saisit très bien la différence entre une fraction et un nombre décimal, elle peut aisément les transformer. De mon point de vue, elle pourrait rire des autres, les taquiner beaucoup, mais elle n'en fait rien. Je me demande ce qui se passe dans sa tête. Je n'ose pas en remettre pour ne pas la stigmatiser davantage qu'elle ne l'est déjà. Mais je fais souvent des piges pour déterminer au hasard les équipes. Il n'y a pas que les Inuit qui sont futés dans le coin... Et lorsque je croise Eva au Northern ou à la Coop, elle est toujours avec une amie, alors je ne m'en fais pas trop.

Peter me fait encore autant rire, même quand il me fait fâcher. Le 14 février, j'avais écrit en gros au tableau: «Je vous aime» avec leurs prénoms autour. J'en profite pour leur demander: «Quel est le verbe?» (ce que je peux être plate des fois) «À quel temps?», «Et au passé, ce serait quoi? Et au futur?» Peter a répondu, très conscient de sa blague: «Divorcer!» Plus tard cette journée-là, j'ai fait une distribution de valentins. Je leur en avais bricolé chacun un, moi qui déteste le bricolage. J'avais mis des collants et écrit un mot personnalisé pour chaque élève. Je m'étais vraiment forcée. Les Inuit ne sont pas démonstratifs dans leur affection, je ne m'attendais donc pas à des mercis. Mais je ne m'attendais pas non plus à ce que Peter a fait: il l'a lu, s'est levé et l'a foutu à la poubelle! Pas d'agressivité, rien, juste comme ça. J'ai réagi et j'ai dit: «Mais pourquoi tu jettes ton valentin? J'ai travaillé fort pour t'écrire un mot et te fabriquer ce valentin.» Il a répondu: «Moi lire, moi y'en a pas besoin.» Ouin, vu de même...

Jeudi, après la récré de l'après-midi, je propose une activité spéciale: une marche dans le village pour voir les maisons où chacun habite. Ils n'ont pas semblé enthousiasmés par l'idée, mis à part Noah qui est tombé dans l'enthousiasme quand il est né et n'en n'est pas encore sorti, à ma grande joie. Je me suis dit: Bon, l'activité va durer 15 minutes, ils vont se sauver à la première occasion et j'aurai manqué mon coup; je prendrai une marche avec Noah. À chaque fois qu'on arrivait près d'une maison, le jeune entrait et je pensais: Ça y est, on l'a perdu. Il ne ressortira pas, c'est certain. Imaginez, $-26\,°C$, avec des vents de 35 km/h, ce qui donne $-41\,°C$ avec le facteur éolien (coudonc, est-ce que c'est vrai, ces affaires-là?). Une chose est sûre, il faisait froid, très froid. Eh bien, tout le monde est resté ensemble. L'un et l'autre venaient nous retrouver avec des mitaines, une tuque ou des bottes plus chaudes. Et ils faisaient ça vite. On a commencé près de l'école, à la maison de Qalingo, ensuite, celle de Noah et celle d'Eva. Après, on est monté vers le haut du village, et les enfants m'ont précisé que la maison de Julia (absente ce jour-là aussi) est en bas, près du Northern. En montant, on a vu la maison de Reebah, celle d'Utuqi, celle d'Elaisa (où il y a un gros bateau dans la cour) et celle de Peter (d'après les apparences, Peter serait le plus riche). J'ai croisé les magnifiques chiens de son père, les plus beaux chiens que j'ai vus jusqu'ici, le poil long, brillant, des couleurs nettes, un calme olympien. Peter voulait que je les caresse, je me suis approchée doucement. C'est quand même impressionnant une quinzaine de chiens de traîneau, attachés. J'ai demandé à Peter si ses chiens mangeaient les professeures ouiouis; il était mort de rire. Je les ai flattés un peu et me suis retirée prudemment. C'est quand même pas des toutous ordinaires. On a continué à marcher jusqu'au bout du village pour voir l'ancienne maison de Betsy, celle de sa maman, un immense château Bonneville, à l'écart, très différente des autres maisons. Finalement, en redescendant, la maison de Joanesie et de son papa. Ça lui fait une bonne petite marche pour venir à l'école. Car bien entendu, il refuse de prendre l'autobus qui passe pourtant devant sa porte. J'ai su qu'il voit sa maman aux vacances scolaires: l'été, à Noël et à Pâques. Elle habite à Salluit. Elle n'est donc pas complètement absente de la vie de Joanesie. Enfin, celui-ci avait retrouvé son sourire. Ç'a été une semaine difficile pour nous deux. Il était très agressif. Il devient parfois carrément raciste, c'est dur à gérer pour moi. Mais nous réussissons toujours à nous trouver un terrain d'entente. J'aimerais l'aider à progresser dans ses études: il pourrait les poursuivre au Sud, il en a déjà les capacités. C'est le seul qui a un rêve d'avenir: il veut devenir pilote d'avion. J'aimerais tellement qu'il y arrive. Cette semaine, entre deux bagarres, j'ai commencé à l'initier au sudoku. À suivre...

Une réunion des profs du primaire

Nous sommes huit. Trois profs du côté anglais: Angela (4e année), Marion (5e année) et Melinda (6e-7e années). Angela et Marion ont des conjoints inuits, elles habitent donc «vraiment» ici. Melinda a la pire classe de l'école selon tout le monde, et je le pense aussi, pour avoir croisé quelques-uns des phénomènes de sa classe. C'est la deuxième année et je pense que c'est la dernière de Melinda ici. Trois profs du côté français: Cathy (4e-5e années), dont c'est la troisième et dernière année ici, Julie (6e année), deuxième et dernière année ici, et moi-même en personne (7e année) et c'est ma première saison ici, au cas où vous l'auriez oublié. Assistent aussi à la rencontre Isabelle, ma voisine (dont c'est la première année), éducatrice spécialisée de 22 ans à peu près, et finalement Véronic. La réunion se déroule en anglais étant donné que Cathy et Julie seront en retard pour cause de cuisinage de biscuits. Je me sens un peu seule, mais les filles sont gentilles et Marion me fascine. Elle ressemble à une ourse brune. Elle est calme et connaît bien les gens du village. En plus, elle s'exprime clairement, alors je comprends à peu près tout ce qu'elle dit. Finalement mes compagnes ouiouis arrivent et Véronic passe au français à mon grand soulagement, car il ne me restait plus beaucoup de neurones bilingues disponibles.

Sur 16 enfants qui «graduent» en 4e année, c'est-à-dire qui passeront de l'inuktitut à une langue seconde, 12 ont choisi le français et quatre l'anglais. J'interroge la logique de l'affaire, relève que dans ma classe, les enfants résistent beaucoup au français. On me répond que les parents tiennent à une troisième langue. Je les comprends parfaitement, mais il leur faudrait informer leur progéniture de leur désir car en réalité, ils ne maîtrisent qu'une seule langue, à l'oral, et c'est l'inuktitut.

La réunion s'est terminée vers 18 heures, on était toutes bien contentes... c'était chouette de rigoler comme ça.

Le parascolaire

Trois matins par semaine, Lucie prépare des petits déjeuners pour les enfants du primaire. Je lui donne un coup de main les lundis et vendredis, j'aime beaucoup cette tâche qui me met en contact avec d'autres enfants. Qui sont gentils, calmes, tout plein de sommeil encore, et ils sont vraiment beaux quand ils sont comme ça. Ils parlent tout bas, mangent le plus qu'ils peuvent; Lucie est généreuse, tant mieux. Lundi dernier, un record: 61 déjeuners. Ils sont environ 130 enfants au primaire. Rappelons-nous qu'ils se couchent tard et sont la plupart du temps en retard. Faut vraiment qu'ils aient envie de déjeuner pour se pointer ici à 8 heures.

La classe de Formation personnelle et sociale (FPS pour les moins de 37 ans)

Une fois par semaine, je m'avance bravement du côté du secondaire. J'y «enseigne» trente minutes en première et deuxième secondaire, de 11h30 à midi. Je pense que les dirigeants avaient besoin de surveillantes à ce moment de la journée, alors ils nous ont foutu ce cours sur les bras. C'est n'importe quoi. Alors je fais n'importe quoi moi aussi. Si tous les jeunes étaient présents, ils seraient 14, mais il y en a environ sept qui restent jusqu'à la fin. La note? Attribuée selon la présence en classe.

J'ai quand même un bon contact avec ceux et celles qui sont là. Je constate que les élèves ne seront pas trop perdus au secondaire, car leur maîtrise du français est à peine moins bonne que celle des ados que je rencontre ici. Je n'aimerais pas enseigner au secondaire. Mais au moins, ils ont arrêté de se coucher par terre et de se promener partout dans la classe. Cependant ils rotent et se couchent sur leur bureau avec autant de naturel que les plus jeunes... Bof.

Le paysage

Ça change pas, la nature est toujours aussi époustouflante, indescriptible, envoûtante. Pas vu d'aurore boréale depuis un bout de temps. Aujourd'hui je vais retourner marcher. Maintenant que je connais les maisons des élèves, le village est comme transformé. J'ai parfois l'impression d'être ici depuis très longtemps tellement cet univers est devenu naturel pour moi. Et puis je m'arrête pour m'émerveiller de la lumière, de l'effet « pas d'arbres », des traces du vent sur les montagnes. Et je n'en reviens pas de la chance que j'ai de pouvoir profiter de tout cela au moins une fois dans ma vie. J'essaie d'imprimer dans ma tête chaque détail, pour pouvoir les reconstituer après mon départ. Il est certain que ce lieu et ses habitants ont trouvé leur place dans mon cœur. Pour toujours. Je suis profondément convaincue que je n'aurai aucun effort à faire pour les y retrouver, intacts et authentiques.

Sur ce, je vous souhaite une belle semaine. J'ai travaillé bien fort pour vous envoyer votre chronique aujourd'hui, le samedi 18 février (bon anniversaire ma belle Simone, cinq ans, déjà. Et bon anniversaire Flavie, quatre ans, qui ne s'intéresse pas du tout aux cornichons, comme je la comprends !). Je vais donc avoir maintenant un vrai dimanche tout congé. Je n'aurai qu'à venir voir si vous m'avez écrit. Et à continuer d'écouter *non-stop* le merveilleux disque de chansons que Suzie m'a fait parvenir. *Nadia's day,* qu'elle l'a appelé. Je capote sur la version *Over the Rainbow* de Israël K. et sur celle de Bashung pour *Le Sud.* À écouter les paroles, le Sud, c'est un peu comme le Nord: *Y'a plein d'enfants et de chiens, il ne manque rien; le temps dure longtemps et la vie sûrement, plus d'un million d'années...* Suzie, c'est un magnifique cadeau, merci.

Prenez soin de vous et des vôtres, je vous embrasse en chantant, le cœur léger. Heureuse.

À bientôt,

Nadia

8

LIEU KANGIQSUJUAQ

DATE DIMANCHE 26 FÉVRIER 2006

OBJET **Le Nord magnétique...**

SALUT VOUS AUTRES, C'EST ENCORE MOI, toujours pâmée devant tout ce qui m'arrive...

La classe

Cette semaine, pour faire changement, des hauts et des bas. Excusez-moi, mais la routine ici, c'est ça. Une anti-routine quotidienne...

Nous avons joué au bras de fer, un midi, Peter, Qalingo et moi. J'ai perdu contre les deux, mais de justesse. Les gars ont eu l'air étonné de ma force. Ils étaient rouges comme des tomates, on a vraiment eu beaucoup de plaisir. Les filles m'encourageaient. Mais le lendemain j'avais le bras droit endolori, ça m'apprendra.

Reebah veut toujours être la *queen* mais y parvient de moins en moins. Elle n'est pas souvent là et souvent renvoyée quand elle y est. Elle exige beaucoup de mon énergie, je me pose des tas de questions sur la réussite de son année, sur mon approche. J'essaie de garder la tête froide, de faire ce qui est le mieux, mais je ne suis certaine de rien. Elle peut être si arrogante que j'ai besoin de toute ma maturité pour ne pas lui montrer qu'elle m'ébranle, parce que là, je suis certaine d'une chose, je serais faite à l'os et son année scolaire aussi. Les autres profs et Véronic me rassurent: elle n'est vraiment pas facile, et mon inexpérience en enseignement n'est pas en cause. Des fois elle devient très difficile à aimer, mais je la vois, petite peste prise dans un tourbillon d'entêtement et de défi de l'autorité, dure envers elle-même avant tout. Et mon cœur fond... jusqu'à la prochaine altercation...

Joanesie est malade depuis mercredi, et ça paraît dans la classe. Personne pour dire: «Nédia, j'ai fini, qu'est-ce que moi fais? Nédia, Nédia, Nédia!» Personne pour me lancer des sorts en inuktitut ou se coucher dans le corridor, juste pour le fun de me voir réagir. Personne n'a ce sourire et ces yeux étincelants.

Betsy est revenue jeudi, de bonne humeur! Elle m'a dit qu'elle resterait toute l'année scolaire. «Kuujjuaq, *next year*», m'a-t-elle affirmé, rayonnante. J'espère que tout cela est vrai. Elle a même consenti à travailler, mis à part les moments où Reebah étendait son emprise partout où elle le pouvait, avant de se faire expulser de la classe.

Nous sommes allés au Centre d'interprétation de Pingualuit vendredi après-midi, écouter des vidéos et regarder des objets traditionnels. Betsy, la directrice, parlait aux élèves en inuktitut et Betsy l'élève me faisait la traduction. C'était bien, mais Qalingo et Peter couraient partout, sautaient sur les beaux divans. Vraiment pas sortables, ces deux-là.

Elaisa n'est pas venue à l'école mardi après-midi parce qu'elle fabriquait des mitaines en cuir bordées de fourrure de lapin. Elle les portait mercredi matin. Super mignonnes, et Elaisa, et ses mitaines. Je lui ai demandé de m'en coudre, et de me les vendre. Encore une fois elle m'a regardée avec un air de dire: Non mais, elle est bizarre, cette Ouioui... Elle m'a dit vendredi après-midi que si j'en voulais, ça me coûterait 50 $. Je vais enquêter, peut-être que je me fais arnaquer, peut-être pas, on verra.

Peter a été suspendu une demi-journée cette semaine: il avait poursuivi un de ses amis dans les corridors en brandissant un bâton et en hurlant. «Pour rire», qu'il a affirmé à ma collègue Julie, qui les a surpris. Comme il était vraiment dissipé dans la classe, Véronic et moi avons décidé de lui donner une leçon qui a porté fruit, puisqu'il est revenu pas mal mieux concentré sur le travail à faire.

Noah a foutu un coup de poing à Eva pour garder sa place de premier dans le rang dehors avant d'entrer dans l'école. Noah le pacifique! Eva grommelait plus que jamais. Le lendemain matin quand je suis sortie les chercher, Noah avait reçu un coup de poing d'Eva. Un à un, je ne m'en suis pas mêlée mais tous deux se sont retrouvés les derniers du rang... encore ensemble.

J'ai commandé des framboises congelées au Sud et je les ai partagées avec les jeunes vendredi après-midi, avant d'aller au Centre. Ils ont aimé, je pense. En tout cas, le temps de me retourner et il ne restait plus de framboises. La semaine prochaine, si le marché Central m'en livre, nous dégusterons des mangues.

Les autres enfants

Je commence à être mieux connue des enfants de l'école. En plus des deux matins de déjeuners, je surveille trois récréations par semaine. Je suis devenue populaire (je crois) avec deux jeux: *Je te tiens par la barbichette* et *Roche-papier-ciseaux*. Quand je croise les jeunes dans l'école ou dans la rue, ils m'arrêtent pour jouer une petite partie. J'adore ça, parce que je n'ai aucune éducation à faire. Seulement du jeu, comme dans les camps de vacances... Quelquefois, chez moi, on frappe à la porte. Des petites filles ou des garçons veulent entrer pour me rendre visite. Chez Isabelle, la voisine, c'est un feu roulant. Jusqu'ici j'ai toujours refusé. Pas le goût du tout de tenir une garderie à domicile. J'essaie de ne pas penser que s'ils cherchent refuge chez moi à 20 heures le soir, c'est parce que ça doit brasser chez eux. J'essaie de ne pas me prendre pour une sans-cœur. Ça me déchire un brin quand même. Je leur donne tout ce que je peux pendant le jour. Mais le père Dion m'a arrangé la culpabilité vendredi soir: «Mais non, voyons! S'ils n'aiment pas rester à la maison, c'est que le bébé pleure ou que maman veut leur faire faire des corvées. Ils arrivent chez vous, mangent, en profitent pour voler un petit objet qu'ils peuvent échanger avec leurs camarades. Rien à voir avec la peur, la plupart du temps.» Me semblait, aussi, que j'étais pas une méchante Ouioui.

La visite de Judith et de Sarah

Judith est l'hygiéniste dentaire du Nunavik. Deux fois par année, elle passe dans chaque classe, tout le monde se brosse les dents et elle repart en nous laissant un paquet de gomme à mâcher... sans sucre. Sarah habite ici, c'est l'assistante du dentiste et de l'hygiéniste quand ils sont là. Sarah est aussi la maman de Reebah. Celle-ci avait terminé l'avant-midi chez elle, pour cause de comportement inapproprié, et j'ai profité de la pause pour discuter avec sa mère... en anglais. Elle semble dépassée par sa fille. Faut dire qu'elle a deux autres enfants plus jeunes et qu'ils ne semblent pas de tout repos non plus. En tout cas, un premier vrai contact avec la mère, toujours ça de pris.

Judith est très sympathique, elle est installée à Kuujjuaq, en ville quoi. Elle nous a appris que le peuple des Premières Nations et celui des Inuit sont ceux qui ont le plus d'émail sur les dents, donc les dents les plus solides du monde entier! Ils en ont de bien belles, c'est vrai, mais ils n'en prennent pas vraiment soin, par manque de moyens (le dentiste ne vient pas souvent ni longtemps) et d'éducation. Noah, si ça continue, aura assez de dents pour avoir une deuxième bouche. Dans notre routine du matin, le brossage des dents a lieu après la collation. C'est bien, je trouve. Et ça donne l'occasion aux jeunes de faire les pitres dans les corridors.

L'école

Une pédopsychiatre est venue rencontrer les profs pour nous aider à reconnaître les signes d'abus dont nos enfants pourraient être victimes... Rien que je ne savais déjà je vous avoue, mais c'était quand même très intéressant. J'ai aussi appris cette semaine qu'aucun enfant ou ado de l'école ne prend de Ritalin ni de médicament de ce genre dans l'école. Un jeune de la classe de Melinda en prendra à partir de la semaine prochaine, mais c'est après trois ans de tentatives de toutes sortes, de réunions de profs, de conseils d'école, de consultations. Le jeune était devenu tellement malheureux, rejeté, que la prof, la directrice, la pédopsychiatre, et finalement la mère, en sont venues à envisager cette solution. Encore une différence majeure avec le Sud...

Lors de la rencontre avec la pédopsychiatre, un prof a soulevé que le fait qu'il y ait un gros roulement de personnel pouvait avoir un effet négatif sur les enfants: amour égale départ (ce professeur est ici depuis longtemps, et il est marié avec une Inuk). D'autres profs ont vivement réagi. Moi, j'aurais voulu disparaître sous la table. La pédopsychiatre a affirmé qu'une étude menée au Sud démontre qu'un contact chaleureux, authentique, rassurant avec un adulte significatif a des effets très positifs à long terme, même si ce contact ne dure que trois mois. Si l'enfant a pu avoir confiance, se sentir aimé et valorisé une fois, il aura confiance que cela puisse se reproduire. Et sur ce plan, sa vie en sera changée, améliorée. Cette intervention m'a beaucoup touchée, m'a fait énormément de bien. « Quand j'aime une fois, j'aime pour toujours », chante Desjardins. Et moi avec lui.

Le quotidien

J'ai une nouvelle poignée de porte avec des clés ! En plus, Papigatuk cherche activement un filtre pour mon humidificateur. Il en a même trouvé un en moins de 24 heures, vous vous rendez compte ? Bon, ce n'était pas le filtre approprié, mais il cherche, ça joue en ma faveur. La Coop a 42 sortes de filtres excepté le mien, évidemment. Papigatuk rit toujours autant quand on se rencontre. Moi aussi, je ne prends pas de risque.

Fait à signaler : je n'ai entendu personne se plaindre de l'hiver. Pas une seule fois, même pas pour rire. Ça c'est quelque chose que j'apprécie au plus haut point. Enfin ! Des gens qui vivent en accord avec le climat et non en décalage, en attente perpétuelle d'un printemps qui arrivera quand il arrivera, de toute façon. Une sagesse inspirante. Se plaindre du temps qu'il fait (trop froid, trop chaud, trop venteux, trop brumeux) me semble d'une futilité extraordinaire. Qu'y pouvons-nous, au temps qu'il fait ? C'était mon éditorial météorologique.

Le FM ou la Communication 101

De 10 heures jusqu'à 22 heures, les gens du village ont leur poste émetteur de radio. Ce sont des gens d'ici qui animent.

Et tout passe par le FM. Les choses à vendre, un qui veut faire un message à un autre, une qui a besoin d'un *lift* pour l'aéroport, il y a même des «lignes ouvertes». Le père Dion nous a expliqué qu'il y a des genres de séances de pardon. Si quelqu'un a fait un mauvais coup, il appelle et l'avoue à la radio. Et là, il pleure. D'autres peuvent appeler et intervenir. L'animateur ou l'animatrice les laisse se vider le cœur, c'est une confession publique où chacun peut intervenir. Ensuite, on met une chanson «western inuite» et le gars est pardonné. Paraît que ça se passe comme ça. Les concierges écoutent la radio le soir en faisant le ménage, le jour, la radio joue dans les bureaux du personnel (c'est à cette occasion que j'ai entendu pleurer, sans comprendre ce qui se passait. Encore un mystère de résolu grâce au père Dion), partout où je me pointe et qu'il y a des Inuit, la radio joue.

Moi aussi j'ai utilisé la radio vendredi. Joanesie n'a pas de téléphone à la maison. J'ignorais si c'était vrai qu'il était malade, car les enfants me racontent souvent n'importe quoi, je ne sais jamais vraiment quand les croire. Mais je savais qu'il y avait quelque chose de pas normal: Joanesie ne manque jamais l'école. Moitié inquiète, moitié rusée, j'ai fait passer le message qu'on allait au Centre cet après-midi-là à 14h30 (c'était son idée il tenait beaucoup à cette sortie) et qu'on aimerait bien qu'il vienne nous y trouver. À 13h15, plusieurs élèves sont venus vers moi pour me dire en anglais, en inuktitut et en français: «Joanesie malade, mal à la gorge.» Le message était passé, les gens s'étaient informés de Joanesie et celui-ci savait que je pensais à lui!

Le permis d'alcool

Compliqué de boire un coup dans ce village. On a droit à une quantité limitée par mois, laquelle? Je ne sais toujours pas. Il

faut aller au bureau de la municipalité, montrer notre com-
mande au responsable, qui approuve ou réduit les quantités.
Ensuite celui-ci envoie par fax l'autorisation au marché qui
s'occupe de faire l'approvisionnement moyennant une somme
d'argent pour la tâche. Cette autorisation est valide pour un
mois. Le mois suivant, si je veux de l'alcool, je dois recommencer. Pour vous donner une idée, j'ai eu droit à un 26 onces
de vodka et à quatre bouteilles de vin. Je sais, y'en a parmi
vous qui font l'année avec ça, mais y'en a d'autres, comme
moi, qui font le mois...

L'aube

C'est ahurissant. En deux mois, la lumière s'est taillée une
place de plus en plus importante. Pour une attrapeuse de
matins comme moi, je peux vous dire que c'est le paradis,
puisque la lumière de chacune des aubes se transforme, en
tout cas se déplace, de minute en minute. Moi qui les observe
depuis longtemps, je n'ai jamais vu autant de changements
en si peu de temps. Pour vous donner une idée, à mon arrivée,
les premières lueurs apparaissaient vers 8 heures, le soleil se
levait à 9 heures. Cette semaine, l'aube se pointait vers 5 h 50
et le soleil s'est levé ce matin très exactement à 7 heures. Deux
heures en moins de deux mois ! Je suis ravie et je m'imprègne
le plus possible de mon émerveillement. Se pourrait-il qu'il
existe un parallèle entre le nomadisme du peuple et cette
lumière en perpétuel mouvement ?

Vendredi soir, Scrabble et blizzard...

Ça se passait chez Christiane. Le père Dion était d'excellente
humeur. Il aurait bien bu du vin, mais Christiane n'avait que du
Bailey's, il a fait la grimace en disant que c'était trop sucré et a

pris une tisane avec du miel. Moi, j'ai bu de l'eau. Aucune discussion à saveur anthropologique ou ethnographique n'a eu lieu. Juste des niaiseries. Christiane a un tempérament sérieux. Mais avec deux rigolos comme le Père et moi, elle se laisse aller et nous rions vraiment beaucoup. Moi, je me détends de plus en plus, alors je laisse voir mon côté ironique et clownesque. Le Père a l'air de trouver ça bien comique. Et lui, il s'est rendu compte que son patois me fait pouffer de rire à chaque fois qu'il l'emploie, alors il ne se gêne pas: «Bonne mère, qu'est-ce que vous avez encore joué?» me lance-t-il faussement indigné, «Les mots à moins de dix points sont interdits ici, madame.» Ce n'est pas si drôle, mais le vendredi soir, dans la complicité, la détente, ça passe tellement bien le long du cœur. Bonne mère. Ah oui, j'ai perdu les deux parties, mais ce n'est pas très intéressant... Le Père a admis qu'il ne s'était pas remis de mon Scrabble final, Christiane non plus. Moi, je sais que je n'oublierai jamais ça. C'est comme un trou d'un coup au golf, un jour de grand vent, quand il pleut. Tu peux pas le faire, tu peux encore moins le refaire. Mais je pourrai m'en vanter toute ma vie. Pauvres vous autres...

Vendredi soir aussi, j'ai enfin vu mon premier vrai blizzard. Ça souffle, les fenêtres sont pleines de neige, pas un flocon ne reste en place. Je marche dehors et par moments je vacille, je ne peux pas aller bien loin. Grand-maman, c'est certain tu t'envolerais! Est-ce nécessaire de vous préciser que je trouve ça vraiment très beau? C'est grandiose. Imaginez, aucun arbre pour stopper la trajectoire changeante du vent. Par moment, tout redevient calme, j'ai même vu des étoiles hier soir. Mais ce matin, je me demande si je pourrai aller chercher quelques légumes au Northern cet après-midi. Si le temps ne se calme pas, ce sera impossible. D'après le site météo, il y a des rafales à 90 km/h. Je me ferai de la bouffe à mesure des besoins cette semaine, ici on s'adapte ou on bougonne à longueur de journée. Je fais les deux, avec un certain talent.

Et finalement les aurores boréales...

Samedi dernier, je vous disais que je n'en avais pas vues depuis un bout de temps. Eh bien j'en ai eu plus que pour tout mon argent et le vôtre réunis, ce soir-là. Wow! Le plus beau spectacle d'aurores boréales de toute ma vie. Et j'en ai vues, des aurores boréales. J'ai habité à Port-Cartier et il y en a par là. Et au Bic aussi. Mais jamais je ne croyais qu'elles pouvaient aller jusque-là dans la splendeur. C'est si beau que ça fait mal. Douleur d'être seule pour les admirer. Douleur des mots si pâles, si peu représentatifs. Douleur de la beauté.

Imaginez la lumière la plus pure du matin le plus clair (ça ne s'appelle pas des aurores pour rien, je l'ai compris ce soir-là). Faites en une rivière de la Côte-Nord, forte, sinueuse, en cascade. La nuit venue, lancez-la dans le ciel. Regardez-la prendre son envol, faire son chemin, tournoyer en volutes vertes. Observez-la s'emparer du ciel, entourer les étoiles, se lover sur elle-même. Cette lumière devient une fête. Qui célèbre la nuit, la montre sous son meilleur jour. L'aurore traverse le temps pour s'étendre dedans. Le ciel derrière elle se transforme pendant qu'elle avance, solide et fugace à la fois, puissante, dans un silence suspendu. Elle échappe aux mots, les transcende et s'éclate dans l'infini de sa nature indomptable. C'est à couper le souffle. Un instant inoubliable.

Mais encore...

Je me rends compte que j'entre dans une nouvelle phase de mes fabuleuses aventures. Je vis chaque jour des choses nouvelles, mais un certain rythme est établi, je suis beaucoup plus relax. Je n'en avais pas réellement pris conscience, mais les premières semaines ici ont été très exigeantes physiquement et mentalement. Je me couche plus tard, je dors plus tard, je me lève maintenant à 6 heures, au lieu de 5 heures (6 heures, c'est mon heure au Sud). La planification des cours exige moins, j'ai enfin pu prévoir, *grosso modo* jusqu'en avril. J'ai eu le temps de parcourir le matériel didactique, de choisir des exercices, de les photocopier. On travaille encore très fort sur l'expression orale. Aller à l'épicerie n'est plus une expédition mais une marche de santé au milieu de l'immensité. Je pense encore autant au contenu des journées, mais j'en connais mieux les contours, je sais où est rendu chacun des élèves, je peux interpréter leurs comportements et agir en conséquence, en tout cas au meilleur de mes connaissances. Je sais surtout que mon meilleur outil est le rire et de ce côté je suis bien équipée, je ris presque tout le temps.

Ce qui me paraissait comme une histoire cocasse à raconter, je l'oublie quand vient le temps de vous écrire. Par exemple, c'est en relisant mon carnet de la semaine que je me suis rappelé que j'avais manqué d'eau 24 heures entre dimanche et lundi dernier. C'est comme si vivre le présent d'une manière concentrée le vidait en quelque sorte de sa substance, que plus tard, il n'en reste que des échos, sympathiques, mais pas investis d'intérêt réel. Je ne sais pas si j'arrive à vous expliquer avec limpidité.

Je quitte doucement la phase «adaptation extrême» pour entrer dans un quotidien où ma personnalité peut s'épanouir, s'abandonner à l'instant présent, le vivre avec intensité. Je suis maintenant imprégnée de l'ambiance nordique. J'aime les enfants un peu plus chaque jour, et je n'en reviens pas. Mais nous ne sommes plus dans la séduction ou le rejet pur et simple (de leur part, évidemment), nous sommes «dans la vie», ensemble. C'est ainsi que je perçois la transformation.

Le temps passe si vite. Et pourtant j'ai l'impression qu'il s'est arrêté. C'est une expérience exceptionnelle que je traverse. Je continue de vous porter en moi dans mes observations, je continue de vous aimer. Je continue de voir mon cœur grandir avec un bonheur profond, vrai, solide. C'est pas magnifique ça, mesdames et messieurs?

Merci encore de m'écrire, de me faire parvenir des surprises. Cette semaine j'ai reçu une boîte de ma mère. Une boîte de sa mère, savez-vous la joie que cela procure? Rien que pour ce *feeling*, ça vaut la peine de faire le *trip*. Et ma fidèle amie Denyse, chargée officiellement des commissions, quelle corvée je lui ai laissée! Elle doit avoir hâte que je revienne, j'espère pour elle que le postier est beau au moins.

Hier, le samedi 25 février, ma grand-mère a fêté son anniversaire, 79 ans. Elle est jeune, n'est-ce pas? Et elle est belle, sage et drôle. Je suis certaine que s'ils se rencontraient, elle ferait défroquer le père Dion. Scandale au Vatican! Mais lui, c'est certain qu'il ne pourrait jamais la convaincre de venir vivre ici. Elle est née l'hiver, mais c'est la seule chose qu'elle a en commun avec cette saison.

Allez, les Ouiouis, passez une belle semaine, amusez-vous bien. Paraît que les Olympiques se terminent bientôt. Paraît que les gars ont perdu au hockey et que les filles ont gagné. Na Na Na Na Na...

Je vous aime,

Nadia

9

LIEU KANGIQSUJUAQ

DATE DIMANCHE 5 MARS 2006

OBJET **Quand la météo étonne...**

SALUT LES OUIOUIS,

La classe

Ma plus belle histoire de classe cette semaine, c'est celle d'Eva la timide, Eva la discrète, Eva la presque rejetée. Le fait de lui répéter à quel point elle est bonne, combien elle est capable commence, je crois, à porter fruit. Je vois des signes encourageants. Elle rit beaucoup plus qu'en janvier, où elle grommelait dans son coin sans communiquer. Le rire implique une certaine communication. Elle rit avec Noah, avec moi, avec Utuqi. Mais elle semble partagée: d'un côté, son idole, c'est Reebah, de l'autre, je crois qu'elle se sent plus d'affinités avec Eva. À ma grande surprise, j'ai su mercredi qu'Eva avait dormi chez Reebah, car celle-ci gardait sa petite sœur et son petit frère pour la nuit. Elles seraient amies en dehors de l'école? Reebah profite-t-elle d'Eva? Je ne sais pas du tout. Eva est arrivée le lendemain matin avec le cahier de devoir de Reebah. Reebah était absente, parce que «moi dormir», qu'elle m'a tout simplement répondu quand elle est arrivée à 14 heures. Mais revenons à Eva. Elle rit davantage, même que par moments elle s'énerve un peu. Quand, par exemple, elle peut utiliser l'ordi parce qu'elle a fini son travail, elle sautille, malgré elle, en allant s'y installer. Elle y fait invariablement la même chose: elle prend un livre et le copie. Pas de jeux, pas d'Internet, que ça. Je pense qu'elle joue à la secrétaire.

Je dis parfois aux autres qu'ils auraient intérêt à se mettre en équipe avec elle, car ses notes sont très bonnes. Peut-être que l'idée fait son chemin tranquillement. Peut-être seulement. Mais Eva sourit, ça c'est un beau changement observable. À la récré, elle me tournait autour, voulait prendre des photos. Je lui laisse l'appareil, lui explique sommairement comment l'utiliser et m'éloigne... Elle se rapproche et me le tend en chuchotant: «Toi prendre.» Je lui dis: «Non, prends quelques photos, je te fais confiance, tu sais que c'est un appareil fragile, et je sais que tu lui feras attention, c'est tout.» Si vous aviez vu son sourire! Elle m'a rapporté l'appareil quelques minutes plus tard. Elle était si contente! C'était touchant. Si elle pouvait prendre son envol avant l'adolescence, elle aurait peut-être plus de chances de mieux la traverser. En voilà une autre qui pourrait faire des études au Sud. Pourquoi pas en secrétariat? Une secrétaire dans la lune, avec un sourire plus blanc qu'un cumulus et des yeux pleins d'étoiles, ça serait pas beau ça, à l'école Arsaniq, quand Jaani (le secrétaire actuel) prendra sa retraite?

Betsy continue de vivre en montagnes russes. Elle arrive charmante, devient explosive, on l'envoie à l'igloo, elle en revient à nouveau charmante. Moi, j'essaie de rester constante. Elle a un sacré sens de l'humour, elle taquine à mon goût et participe tellement bien quand elle est dans ses moments joyeux, lumineux. En fait, j'ai compris quelque chose cette semaine: Betsy, à force d'être ballottée, a été prise en charge par plusieurs adultes (travailleuses sociales, éducatrices spécialisées, avocats, psychologues, infirmières, etc.), et je pense qu'elle a pris un certain goût au fait qu'on s'occupe d'elle, elle a besoin d'attention. Si elle n'obtient pas l'exclusivité, elle ne veut plus collaborer, aucun apprentissage ne l'intéresse. En tout cas c'est ce qui semble se passer dans la classe. Si je suis à côté d'elle pour chacun des problèmes à résoudre, si je l'encourage constamment, elle embarque. Mais dès que je m'éloigne, que je m'occupe des autres, que je lui réponds de loin, elle s'offusque et explose, refuse catégoriquement de travailler. Je lui ai demandé cette semaine: «Betsy, est-ce que tu aimerais avoir une prof pour toi toute seule?» Elle m'a répondu: «Oui, moi je veux une prof juste pour moi.» Quel avenir attend cette chère enfant?

Joanesie est en forme, il a même réclamé le sudoku cette semaine. Je pensais qu'il n'avait pas remarqué que je lui avais proposé ce jeu il y a déjà quelques semaines. Joanesie est très doué mais s'il ne comprend pas du premier coup, il refuse de travailler et se désintéresse complètement de l'activité proposée. J'étais comme ça jusqu'à mon retour aux études en 2000, je comprends donc très bien ce rapport étrange à l'acquisition de connaissances. Je me suis assise avec lui et nous avons pu nous pencher un peu plus sérieusement sur le problème, je dirais un gros quatre minutes et demie, et il a eu le temps de comprendre le principe! Il riait, il est si beau quand il rit. Mais lui aussi aime que je ne m'occupe que de lui. Alors quand je m'éloignais, il me disait: «Nadia, Nadia, je ne comprends pas...» Je lui répondais: «Trouve les possibilités sur cette ligne et je reviens, d'accord?» Pas le temps de me retourner qu'il m'appelait à nouveau. En riant encore.

Ces enfants me troublent souvent. D'un côté, ils ne veulent rien savoir de moi, m'ignorent, m'isolent (en parlant en inuktitut) et d'un autre côté, ils voudraient bien m'avoir chacun pour eux tout seuls, je le sens de mieux en mieux parce que leur «rejet» me touche de moins en moins. Je peux aussi voir ce qu'il y a dans leur attitude. En fait c'est une histoire de groupe et d'individus, je pense. Le groupe ne veut pas m'intégrer, à cause de ma condition de Ouioui, de prof, de remplaçante, mais les individus m'aiment bien, voudraient que je leur accorde plus d'attention, leur raconte des histoires, les encourage. C'est ce que je m'efforce de faire. Avec maladresse souvent, mais avec cœur, tout le temps. Avec le groupe, j'ai connu encore des moments difficiles: lundi après-midi, toute la classe a coupé le contact, n'a parlé qu'en inuktitut, avec à sa tête devinez qui? Reebah et Joanesie, moqueurs et arrogants. Ç'a duré jusqu'au mardi midi, où j'ai fini par reprendre ma place. Ou ils se sont lassés et me l'ont laissée, tout simplement.

À part, dans ce groupe, Elaisa. Elaisa semble ne pas avoir besoin, ni envie, de mon attention. Par contre elle m'a apporté les mitaines. Un matin, à la récré, elle les sort. Trop petites qu'elle me dit rapidement, elle murmure, elle ne parle pas, Elaisa. Quand je la fais répéter, elle s'impatiente: pas toujours évident... Effectivement l'une des mitaines était mal cousue au poignet, je les lui ai redonnées. Elle les a rapportées deux jours plus tard, parfaitement ajustées. J'ai donc décidé de les lui acheter, 50$. Après m'être un peu renseignée, je ne me fais pas arnaquer. Mais Elaisa me désarme. Je ne sais pas où je suis dans son paysage. Une Ouioui idiote? Une Ouioui étrange mais plutôt drôle? Très difficile de savoir. C'est une relation à suivre.

J'ai rencontré la mère de Qalingo, elle travaille pour la commission scolaire, mais elle est en congé pour six mois. J'ai reconnu son manteau, elle était dans l'école. Je vais vers elle et me présente, elle a un large sourire mais semble pressée. J'ai quand même le temps de lui dire que son garçon est vraiment très intelligent mais que souvent il ne veut pas faire d'effort, travailler par lui-même. Je lui dis que ça m'inquiète parce que cela compromet ses chances d'aller au secondaire. Et je répète qu'il est si intelligent que ce serait vraiment dommage et qu'il risquerait de se démotiver. Je lui demande si elle peut lui en parler. Cela tout en anglais, d'une seule traite. Je devais avoir les yeux grands, je ne cherchais plus mes mots, je voulais que mon message passe et j'avais peu de temps. Je pense que j'ai été efficace, même en anglais. Elle m'a remerciée chaleureusement en me touchant le bras et m'a dit: «Oui, je vais lui parler, merci Nadia.» Et elle est repartie en trottinant. Quand Qalingo est revenu l'après-midi, il avait son petit sourire en coin, je pense qu'elle lui avait parlé, dans le sens de mon intervention, car il a super bien travaillé et riait même ouvertement de mes blagues, ce qu'il avait cessé de faire depuis un bout de temps.

Avec Reebah, ça continue d'être difficile. Par contre cette semaine elle a eu deux jours sans aller à l'igloo: c'est un succès. Mais elle persiste à apporter du *junk food* à l'école, ce qui est interdit depuis janvier, une décision des profs inuits. Je lui ai souvent enlevé ses chips, chocolats, bonbons, Pepsi: je les lui redonne après la classe. Mais jeudi, elle a dépassé mes limites. Je les lui ai confisqués, et pas question de les lui remettre. C'est assez. Véronic passait par là, ça tombait bien. Je l'en informe, elle repart avec le sac de *junk*, bien d'accord avec moi. Reebah laisse faire. Après l'école je la retrouve dans le bureau de Véronic, elle tentait de récupérer son sac! Véronic a refusé.

Peut-être que Reebah va finir par comprendre. Je demeure convaincue que cette bouffe nuit à son comportement. Et elle grossit à vue d'œil.

Peter, Noah et Utuqi vont bien aussi. Mis à part l'épisode « tout inuktitut », ces trois-là continuent d'améliorer leur français. Car la plupart du temps ils jouent le jeu, participent aux activités que je propose. Utuqi a fait des progrès remarquables de ce côté : elle répond spontanément aux questions et formule des phrases complètes quand elle y met le temps. Elle comprend bien ce que je dis aussi. C'est d'ailleurs elle qui a reçu l'étoile du mois pour la plus grande amélioration. On a décidé ça en groupe. Elle arrivait *ex æquo* avec Noah. Mais lui, son objectif, c'était de ne plus écrire sur les pupitres. J'ai considéré qu'Utuqi avait fait plus d'efforts... Quant à Julia, elle est venue nous rendre visite la moitié d'un avant-midi cette semaine. Je n'a pas suffisamment d'énergie en réserve pour me casser la tête avec ce cas déplorable.

J'ai sorti un jeu de ma manche de monitrice de camp de vacances en quête de paix : Le royaume du silence. On y a joué 15 minutes avant de partir vendredi midi. Je ne pensais jamais que les jeunesses l'aimeraient autant. Et ça repose ! J'espère qu'ils vont l'aimer longtemps mon jeu. Peter a de la difficulté parce qu'il rit trop et dérange tout le monde. Il s'est fait ramasser en inuktitut, je ne sais pas ce que les autres lui ont dit au juste, mais je n'ai pas vraiment eu besoin de traduction...

Vendredi après-midi il y a eu un spectacle de sciences au gymnase. *Sciences en folie, Mad sciences*, Paraît que le concept se promène partout. Cela se passe ainsi : le mélange de deux substances produit une mousse qui n'en finit plus de sortir d'une fiole ou bien un autre mélange auquel on met le feu fait sauter trois grenouilles en peluche. Ce n'est pas très, très impressionnant pour le coût. Mais on était tous ensemble dans le gymnase, assis par terre. Les filles: Reebah, Betsy et Utuqi m'enlevaient des cheveux gris. Je leur disais: «Arrêtez! Quand vous en enlevez un il en pousse dix.» Et les filles comptaient…10,…20,…30, jusqu'à ce que je dise: «Ça suffit, je vais perdre mes dents!»

On a accroché des photos dans la classe: une de notre groupe, celle d'Einstein qui fait une grimace et la photo de ma grand-maman. Les enfants aiment ma grand-mère. L'autre jour, Joanesie avait terminé un exercice, il s'est levé et regardait sa photo tranquillement, c'était beau de le voir. Quand je lui ai dit que ma grand-mère était plus petite que moi, il a ri quasiment cinq minutes.

Le climat fou, fou, fou

Dimanche dernier, blizzard. Définition d'un blizzard selon *Le Petit Robert*: «Vent glacial accompagné de tourmentes de neige, dans le grand Nord.» Je vous écrivais dimanche matin qu'il ventait fort. Des vents, comme des aurores boréales, je pensais en avoir vus. Dimanche après-midi, je ne voyais même plus l'école qui pourtant est juste à côté. Et la maison qui vacillait! Comme un petit tremblement de terre continu. De dimanche vers midi jusqu'à environ 20 heures, c'était impressionnant. Vraiment. J'ai tenté vers 15 heures d'aller à l'école, je voulais faire une expérience. J'ai tourné le coin de la maison et j'ai eu peur. Je ne pouvais pas me tenir debout. Ça sifflait, ça soufflait, ça grondait. Personne dehors, évidemment. Que le blizzard: la neige et les hurlements du vent. Je me sentais bien petite, perturbée. Mais encore une fois je n'avais rien vu côté perturbations météorologiques…

Lundi matin, il pleut! À verse. Deux degrés au thermo-mètre de Jaani. Véronic décide de fermer l'école pour l'avant-midi, à cause de toute cette pluie qui tombait dru. Fini le vent, mais de la pluie en abondance, des grosses gouttes qui défer-laient sur le village. J'en ai profité pour aller au ravitaillement en lait et pain parce que la veille j'avais pleinement pris conscience qu'il m'était possible d'être *réellement* immobilisée dans ma maison à cause du mauvais temps. En revenant du magasin, j'ai ouvert les fenêtres; comme ça faisait du bien d'aérer cet appartement! Mais c'était si étrange d'être dans le Grand Nord, un 27 février et d'écrire dans mon carnet: «Ce n'est pas normal, c'est l'automne, l'hiver et le printemps à la fois.» Des vents doux, chauds, qui ont une épaisseur, des vents joyeux d'avril et de la pluie, moins de 24 heures après un bliz-zard qui a tout fait trembler, où on aurait pu croire que ce serait l'hiver pour toujours. Au sol, le village est devenu une patinoire. J'ai vu sur Internet qu'il faisait −22 °C à Montréal... Ça m'a vraiment troublée. J'ai consulté Hanna, une prof inuk (la maman d'Utuqi). Elle m'a dit qu'elle n'avait jamais vu ça, mais que son père, lui, avait vu une chose pareille il y a envi-ron 50 ans. De la pluie début mars. Mais c'était pas aussi chaud, a-t-elle dit. L'après-midi, l'école était ouverte, mais pas besoin de vous dire que les enfants étaient vraiment déconcentrés eux aussi (ç'a été encore un épisode inuktitut). Le lendemain, mardi, même chose, encore de la pluie mais aussi du grésil et du vent. Mais cette fois pas de flocons qui voltigeaient. Tout avait figé avec la pluie. Les bancs de neige étaient compacts. Le temps changeait très rapidement, le mercure ne savait plus où se mettre. On nous a informés que les *sewages* n'avaient plus accès au lieu de déchargement à cause de la glace, comme ils étaient pleins, le village pourrait se retrouver sans eau. On s'est mis à l'économiser encore plus que d'habitude, j'ai fait des réserves. C'était fou, fou, fou.

Pas un avion n'a atterri entre samedi et mercredi. Ça aussi, ça changeait le paysage... sonore.

Mercredi en fin de journée, tout était redevenu à peu près normal. Les *sewages* avaient recommencé à circuler, les chiens aussi, le vent soufflait en petit blizzard, j'étais à nouveau dans le Grand Nord. Fiou.

Après l'école je suis allée au Northern, j'avais envie de revoir le village redevenu lui-même. Papigatuk est passé en *pick up* quand je sortais du magasin, il m'a offert un lift que j'ai accepté avec plaisir. Le village était vraiment transformé en patinoire. On roulait très vite..., Papigatuk riait, me parlait français (il a le même niveau de français que les jeunesses de ma classe). Je pense qu'il m'aime bien cet Inuk. Il me dit: «Grosse journée? — Pas mal, les enfants étaient de bonne humeur.» Il me répond: «Oh moi, grosse journée, moi fatigué.» Je lui dis: «Peut-être que demain il n'y aura pas d'école, s'il vente trop.» Il éclate de rire, lâche le volant et se met à applaudir: «Oui, demain pas d'école, demain pas d'école!» On zigzaguait sur le chemin glacé. Moi, je riais et en même temps je regrettais de l'avoir fait rire autant! Il m'a lâchée à la maison, c'est-à dire qu'il ralentit et que je saute en bas du *pick up*. Grand signe de la main, je le remercie, il rit encore... moi aussi.

Vers 22 heures, je me rends compte du pire: plus de chauffage! Niet. Je ne pouvais pas y croire! À cause du vent qui soufflait, de l'heure tardive, inutile de penser à rejoindre un Inuk. Et je me disais: ça se peut pas, je rêve. Je suis donc allée me réfugier sous ma grosse doudou... pour ne pas dormir de la nuit. Tant qu'à faire de l'insomnie et imaginer des histoires, aussi bien imaginer les pires, comme vous vous en doutez... Le lendemain matin, je réussis à rejoindre Mark qui me dit dans son «anglinuktitut»: «Oh, it's Papigatuk, I will call Papigatuk.» Baptême. Enfin, Papigatuk le rieur est venu chez moi, mais moi, je ne riais pas beaucoup. À 8 h 30, avec les enfants tout près d'entrer en classe et mon gros problème à résoudre, je me sentais un peu dépassée. Papigatuk se rend dans la salle des chaudières et me dit: «Manque d'huile, moi remplir.» Et voilà. Tout simplement.

Mais ce n'est pas tout. Le midi, je reviens, encore froid! La chaudière s'éteint souvent, il faut la faire repartir en appuyant sur un bouton. Ça, j'en suis capable. Donc depuis mercredi soir, il m'a fallu peser sur le bouton en question au moins une dizaine de fois. Ce matin encore, je me suis réveillée en ayant l'impression d'être dans un igloo, chauffage à zéro, encore. Faut pas lâcher.

Ç'a donc été une semaine bien particulière. Perturbante, parce que l'équilibre était toujours menacé, celui du climat, celui du confort minimal et, par conséquent, l'équilibre mental. Bien entendu aujourd'hui je trouve ça drôle, je ris en vous écrivant tout cela et je me demande comment j'ai pu en être si ébranlée. Ça faisait beaucoup en même temps, disons. Mais ça en fait beaucoup à raconter aussi.

Observations

J'ai remarqué que les corbeaux se regroupent. Est-ce le résultat du changement de température? Un hasard? Ils font exactement la même chose que les goélands du littoral. À quatre ou cinq, ils s'installent «dos» au vent et planent à différentes hauteurs. J'adore les regarder, ils passent vis-à-vis de la fenêtre de ma classe et quelquefois ils doivent voir notre dizaine de frimousses à l'intérieur. Qui observe qui?

Vendredi soir de Scrabble et pas de père Dion

Ça se passait chez moi. Je fais un petit ménage, je chauffe la baraque à fond (le Père est frileux), j'ouvre une précieuse bouteille de rosé et sors les noix mélangées. Le grand luxe. Dehors c'est le blizzard. Pas aussi fort que dimanche dernier mais plus fort que celui de vendredi soir, disons. Les filles arrivent. Christiane et Sophie, prof remplaçante qui est devenue la coloc de Christiane parce qu'il n'y a plus de logements disponibles (quand je vous dis que j'ai fait de l'insomnie, c'était en partie à cause de ma grande crainte de devoir cohabiter). Le Père n'arrivait pas, on lui a téléphoné et il a confirmé qu'il restait chez lui, il ne voulait pas prendre de risque avec son véhicule. Il riait, mais quelle surprise! Il nous a souhaité une belle soirée et donné rendez-vous la semaine prochaine. J'étais déçue. Mais bon, on a joué une partie et on a quand même trouvé le moyen de rigoler... Les premières impressions de Sophie, les perceptions de Christiane, et moi au milieu, qui sait tout ou à peu près maintenant... Quand on se prend pas trop au sérieux, ça peut faire une belle soirée, même sans ce cher père Dion...

Un documentaire en direct

Samedi après-midi, je suis entre le Northern et la Coop, au bord de la baie gelée. J'aperçois un homme qui attelle des chiens. Je m'arrête, curieuse de le voir travailler. Il prend d'abord un harnais parmi tous ceux qui sont sur le traîneau, se dirige vers un chien, l'enfourche et lui passe le harnais. Il procède ainsi avec 11 des 14 bêtes attachées.

Pour bien saisir la scène, il faut imaginer les cris des chiens. Ils se mettent à japper dès que l'homme s'approche ou s'éloigne. Ils veulent être choisis, gémissent et hurlent. Plus loin, il y a une autre meute d'une quinzaine environ. Mais eux ne courront pas aujourd'hui, ce qui ne les empêche pas de s'époumoner. D'autant plus que quelques-uns d'entre eux se détachent et viennent perturber le travail de l'homme. Celui-ci doit interrompre sa tâche et aller les rattacher. J'entends au loin d'autres jappements, mais différents de ceux des huskys que j'observe.

Un autre homme circule en motoneige, apporte du matériel au traîneau, va et vient entre la maison derrière moi et le groupe de chiens sur la banquise. Je comprends que c'est lui le chef, le *musher*. Il donne des ordres à l'autre homme quand il vient. Ils parlent par signes. Une fois les 11 chiens harnachés, une autre étape se prépare, celle de l'attelage au traîneau. Le *musher* descend de la motoneige et arrive pour de bon sur le terrain. Il désigne les premiers chiens à attacher. L'autre homme les fait avancer deux par deux, et c'est le *musher* qui les attache. Le cinquième qu'il désigne est le plus gros, celui qui a la fourrure la plus épaisse. Celui-là vient seul. C'est lui qui traîne l'homme jusqu'à l'avant, où il se dirige sans hésiter. Il a l'air vraiment fort, il semble moins énervé que les autres. Le *musher* l'installe à la tête. Quand le septième est attaché, le *musher* sort son long fouet qu'il fait voler autour des chiens sans les toucher. C'est son aide qui attelle les derniers chiens.

Un chien qui s'est encore détaché de la meute voisine vient mettre la discorde dans l'attelage. Les autres chiens jappent, hurlent, leurs cris sont maintenant différents de ceux qu'ils faisaient avant d'être attelés; ce bruit remplit l'air de la baie. Les chiens sont prêts, ils veulent courir.

Je reconnais les cris lointains de tout à l'heure : c'était d'autres molosses qui s'apprêtaient aussi à partir probablement, car un petit attelage de cinq chiens est passé juste derrière moi, si vite que je n'ai même pas eu le temps de le prendre en photo.

Le *musher* n'a pas l'air content. Il fait des signes vigoureux à des jeunes qui passent par là, d'attraper l'animal qui s'est encore détaché de la meute voisine et de le rattacher avec les autres. Il y en a au moins pour dix minutes, mais ils finissent par le rattraper. Les chiens se calment un peu. Il faut dire que l'immense fouet a l'air convaincant. Pendant que le *musher* tente de les contenir, son second place le fusil dans le traîneau, un manteau supplémentaire et des harnais de rechange. Toute l'opération dure au moins 45 minutes. Moi, je suis là, immobile, ébahie du spectacle. Quelquefois les deux hommes me jettent un coup d'œil.

Il vous faut imaginer la baie blanche, le ciel bleu et, surtout, tous ces hurlements incessants, des couinements, des sons aigus. J'avais la gorge serrée tellement tout cela était fort. Pour les Inuit, c'est le quotidien, leurs gestes sont assurés. Ils savent quoi faire, hommes et bêtes.

Ensuite, tout va très vite. C'est le départ. Ils filent vers la baie gelée dans un silence soudain. Pendant quelques secondes, je n'entends plus rien, excepté le mouvement du traîneau et des chiens qui courent, courent, courent.

Puis, j'entends les plaintes lancinantes des trois bêtes restées attachées. Les chiens sont debout le museau au vent, ils regardent partir l'attelage en hurlant. Je ne parle pas chien. Je ne sais donc pas ce qu'ils ressentent. Je ne sais même pas s'ils ressentent quelque chose. Mais leur voix se lamente, ça j'en suis certaine. L'attelage file si vite que très rapidement, il ne devient qu'un point au loin.

Et je reprends le chemin de la maison, éblouie de ce moment magique, de ce documentaire à ciel ouvert.

Alors voilà...

C'est ainsi que se termine cette chronique nordique. À cause des péripéties de la semaine, j'en avais pas mal à vous raconter, moi qui me vantais d'être imprégnée de l'ambiance du Grand Nord... Une chance.

Demain 6 mars, c'est l'anniversaire de deux très belles femmes. D'abord de ma mère Danielle, ma complice, mon unique, ma merveilleuse. Que cette journée, où ta plus jeune et tes petites-filles t'entourent, soit belle, pleine d'affection et drôle, comme toi. Et c'est la fête de Lise au Bic, la factrice officielle pour la gang de l'Auberge du vieux Bicois. Fais-toi une journée aussi spéciale que toi, aussi flyée que tes projets, aussi étonnante que le bord du fleuve en février à Rimouski.

Bon matin, bon dimanche, tendre, tendre,

Nadia

10

LIEU KANGIQSUJUAQ

DATE DIMANCHE 12 MARS 2006

OBJET **Dans le nord du mois de mars**

SALUT, voici sans plus de préambule, la chronique de la semaine.

La classe, la vie
Semaine d'activités extrapédagogiques

Lundi, la Francoderole
Le plus grand dessin d'enfants francophones au monde. Quand le projet sera terminé, le dessin pourra faire le tour de trois gymnases. On prévoit l'accrocher en 2008 à Québec, où il y aura un sommet de la Francophonie. L'instigateur du projet, le dynamique Jean-Pierre Arcand, est un drôle de numéro. Il a eu la chance de rencontrer jusqu'ici des enfants de 52 pays, de 154 écoles-municipalités, et ce dont il parle, c'est d'argent. « Le Fédéral n'a pas voulu investir, les Affaires autochtones, oui... les commanditaires, la vente de tablettes de chocolat par des enfants qui ont participé à la murale géante... mon statut de sous-traitant dans les commissions scolaires du Québec, etc. » Un moulin à paroles. Je l'ai surnommé secrètement le général

Arcand. Pas antipathique, non, mais on voit bien que le financement d'une telle idée est une énorme tâche et qu'elle l'empêche en quelque sorte de vraiment vivre son formidable projet de fou. Il a apporté une partie de la toile, c'est très impressionnant : Cambodge, Burundi, Belgique, Cameroun, Rwanda ; les pays côte à côte, réunis par des dessins d'enfants qui tracent les frontières bien autrement... Elaisa a passé la journée à dessiner et à peindre dans le gymnase, elle faisait partie de l'équipe restreinte des enfants qui dessinent le mieux. Toute la classe est allée les rejoindre pour terminer la journée. Ça s'est assez bien déroulé, je dirais, malgré leurs costumes composés de sacs de poubelle. Noah, Betsy et Qalingo se sont placés au-dessus d'une bouche d'aération et ça formait un grand tube noir dans lequel ils disparaissaient. Ils criaient : « Nadia, je suis caché ! » Noah a dessiné un avion d'Air Inuit, Utuqi l'a peint. Peter s'est mis à dessiner des chiens et un traîneau, sur ordre du général Arcand qui a une approche plutôt directive... Peter rouspétait, je lui ai dit : « Mais voyons Peter, c'est normal, tu connais ça les chiens de traîneau, t'en as chez toi. » Il m'a rétorqué, de mauvaise humeur : Qalingo dessine *pick up* et Qalingo pas de *pick up* à sa maison, pas juuuste. » J'avais envie de rire, il avait bien raison. Reebah a fait des siennes, évidemment. Elle a fait péter les plombs du général en moins de temps qu'il ne faut pour l'écrire. Il m'a dit : « Sors-là, pis vite ! » Reebah se cachait derrière un rideau après avoir couru sur la toile. J'ai bien dû parlementer et la poursuivre cinq minutes avant de réussir à l'extirper du rideau. L'exaspération d'Arcand faisait en sorte que j'étais très calme (l'équilibre, toujours l'équilibre...). Finalement, c'est Reebah qui a explosé. Elle m'a poussée pas mal fort, même violemment, quand je l'ai reconduite à la porte. Encore une fois, elle hurlait, rouge comme une tomate. Pauvre choupinette. Je me sentais tout croche. Mais il fallait rejoindre les autres...

Mardi : les victorieux

L'équipe de hockey masculine du village a participé à la coupe Ungava mettant en compétition les sept villages qui bordent la Baie. Ça m'a l'air d'un gros tournoi. Eh bien, ils ont gagné. Mardi matin en allant cueillir les jeunesses, tout le monde était bien excité : « Cet après-midi, aéroport ! » Véronic s'est vue obligée de suivre la vague et de permettre aux élèves de l'école d'aller accueillir l'équipe championne à l'aéroport.

Après le dîner, donc, en route pour l'aéroport. Il faisait beau, j'avais l'impression que le soleil chauffait (−13°C), zéro nuage, zéro vent, plein de sourires d'enfants et d'ados. Papigatuk faisait des allers-retours entre l'école et l'aéroport en embarquant des jeunes dans la boîte du *pick-up*, d'autres le faisaient également, en plus de l'autobus scolaire, des motoneiges, des quatre-roues ; un vrai convoi. J'ai même vu, croyez-le ou non, quelques *sewages*, le camion de pompiers et des gars de l'Hydro. Noah, Utuqi et moi avons décidé d'y aller à pied, comme plusieurs autres. L'aéroport est à 2,5 km du village, le chemin monte tout le temps. C'était une magnifique ballade. Je n'étais pas retournée là-bas depuis mon arrivée et j'y étais débarquée en pleine noirceur. Cette ascension en trio, en mâchant de la gomme balloune au melon, en riant beaucoup, en pratiquant le français et l'inuktitut restera, je crois, l'un des plus beaux souvenirs de mon séjour ici. Comme nous étions bien ! Et enfin, l'horizon sous mes yeux. Le village est vraiment encerclé par des montagnes. S'en dégager un peu, les découvrir d'un autre point de vue, c'est formidable, tout simplement. Noah, à force de sautiller, de traverser et retraverser le chemin à tout moment, a dû faire le trajet deux fois rien qu'en montant! Du bleu, du blanc, des montagnes partout au loin. Je découvrais le désert blanc qui entoure Kangiqsujuaq. Les montagnes qui ressemblent à des dunes, mais qui sont de gigantesques amas de pierres. Les géologues professionnels et amateurs doivent avoir tout un *buzz* en débarquant ici. Et, je le rappelle, aucun arbre. Paysage que je n'avais jamais vu, ni en photo, ni à la télé, où on nous montre davantage de l'eau gelée ou des monts escarpés. Mais ici, que des montagnes en relief, à perte de vue.

À l'aéroport, j'ai constaté que le village entier semblait réuni là: plein de gens, des enfants, des ados, des adultes, dans les nombreux véhicules aussi. À l'intérieur, entassés comme des sardines, des vieux, assis et des enfants qui couraient partout. Tout ce beau monde excité, joyeux. Des affiches de félicitations écrites en anglais (je pense que c'était une activité de la classe d'Angela). J'ai croisé à peu près tous les élèves dans ce brouhaha, qui m'ont saluée gaiement. J'apprends que l'avion sera en retard d'une heure, j'en profite pour aller explorer les alentours. Encore de la beauté dans l'immensité. Ici, seule la démesure peut prendre la place. Pas de vent, de la lumière claire, pure, drue. Je pouvais apercevoir une partie du village et de la baie. Des enfants glissaient sur une petite dune de roches et de sable en partie recouverte de neige. Un genre de surf sur bottes. Que des gars. Des femmes ont fabriqué un inuksuk en jasant et en fumant une cigarette.

Soudain, un point dans le ciel, les gens encore plus excités, l'arrivée de l'avion, son arrêt, les klaxons des gros camions, des petits, la sirène des pompiers, les trompettes de l'aréna, les hurlements des fans en délire tout le long de la clôture qui borde la piste. L'arrêt complet des hélices. La sortie triomphale de l'équipe, les deux premiers tenant à bout de bras la coupe tant convoitée (une sorte de Coupe Stanley en pierre du nord, en forme d'inuksuk). Les gens qui sortent de l'aéroport pour aller sur la piste, la course d'un groupe vers l'autre sous les cris, les klaxons, la sirène, la musique disco et le soleil étincelant. Papigatuk et Williami, dans le *pick up* de Kativik, klaxonnaient joyeusement, le pouce en l'air, la musique dans le tapis; lunettes de soleil et sourires ravis. Les Inuit savent comment exprimer leur bonheur. Moi j'observais, émue. Les manifestations de joie d'une foule, aussi petite soit-elle, me touchent à tout coup, me serrent la gorge.

Après l'émotion, la curiosité. Où est le pilote? Je le vois enfin, en train de remplir d'essence le réservoir de l'avion. Grand, mince, cheveux mi-longs, l'air sauvage, viril, des lunettes d'aviateur (!), une attitude dégagée et chaleureuse à la fois: la vraie patente des romans Harlequin. Ce n'était pas celui qui m'a conduite jusqu'ici en janvier, mais on s'en fout, c'était le *pilote* et, vu de si loin, dans de si bonnes dispositions, il était vrrrrraiment beau! Je riais toute seule, avec mon conte de fées pas de fée, je pensais à vous, j'étais heureuse d'être là, de vivre ça, de savourer ces instants.

Puis, ç'a été la descente vers la maison. J'avais tellement apprécié la montée à pied que malgré l'offre de plusieurs Inuit à la mi-trentaine joyeuse de m'embarquer dans leur *pick up*, à l'avant s'il vous plaît, je suis redescendue en marchant. Grâce à leurs sourires, leur regards engageants et charmeurs, je me suis rappelé tout à coup que je suis une femme et ça m'a fait un bien fou. J'ai probablement arrêté de sourire plusieurs heures après être tombée dans un sommeil réparateur...

Lundi, les dessins, mardi, l'équipe championne. Mais quand est-ce que je peux enseigner moi? Pas eu grand temps pour ça, justement.

Mercredi : un anniversaire

Peter a eu 14 ans. Il avait l'air bien content de cela, grand fouet qui grandit à vue d'œil. Sérieusement : il me semble plus grand qu'à mon arrivée, en janvier. Il continue d'être dissipé ; énergique à la récré et terriblement fatigué lorsque viennent les maths et le français, même en jeu... Il me fait rire et il le sait, que voulez-vous que j'y fasse ? Mais il n'a pas encore réussi son année, et ça, ça nous ôte notre envie de rire à tous les deux...

Comme Reebah continuait sur sa lancée de lundi, j'ai rencontré Véronic, un peu découragée. Bilan des dernières semaines de Reebah : absences, retards, arrogance, colères, suspensions. Véronic a décidé de convoquer une rencontre.

Jeudi : une réunion et un autre anniversaire

En fin d'avant-midi, Reebah, sa mère Sarah, Kulutu, Mark, Véronic et moi nous sommes réunis dans le bureau de Kulutu pour avoir une discussion franche sur les conséquences possibles et bien réelles de la conduite de cette élève. Reebah, comme d'habitude dans ces cas-là promettait mer et monde, voulait charmer, cherchait des appuis. Mais elle n'y a pas réussi tellement. Sa mère, silencieuse, semblait bien triste : « Alors Reebah, tu risques de couler ta septième année et ce n'est certainement pas par manque d'intelligence, » le tout exprimé dans les trois langues. En sortant du bureau la mère me touche le bras, me remercie en me regardant dans les yeux et me dit en anglais : « Je sais que tu aimes ma fille, ça paraît », et repart le dos voûté.

Cette rencontre m'a permis de vivre un autre petit moment extraordinaire. À 11 h 30, heure du rendez-vous, Sophie était venue me remplacer pour que j'assiste à la réunion. Je la présente rapidement aux élèves, sors le matériel requis pour l'activité prévue et me prépare à quitter la classe avec Reebah. Grosse réaction: «Nooooon!» Betsy, Qalingo et Peter ne voulaient pas que je parte! Noah ouvrait de grands yeux et répétait: «Pas Sophie, toi reste avec nous.» Je répliquais: «Mais voyons, je pars une demi-heure!» Elaisa disait: «Moi pas gentille», Joanesie couchait sa tête sur son pupitre et répétait: «Moi pas travailler.» Je n'en revenais pas. Ils auraient enfin un certain attachement pour moi? Ils m'aimeraient? J'étais vraiment très touchée, c'était la première fois qu'ils me manifestaient leur affection. Bien entendu, je n'en ai rien laissé paraître, mais j'avais des ailes en me rendant à la rencontre en compagnie de Reebah.

Le même jour, c'était l'anniversaire de Joanesie, 13 ans. Il semblait triste, il a voulu jouer à l'ordinateur pendant la récré de l'après-midi, je lui ai donné la permission étant donné que c'était son anniversaire. Après la récré, gâteau, chandelles. On lui a chanté *Bonne fête*. Son visage grave à la lueur des bougies me serrait le cœur. Qalingo a réussi à le faire rire en faisant le pitre, fiou! Tout le monde a soufflé sur les chandelles. J'ai réagi: Ah non, c'est à Joanesie seulement de le faire! J'ai rallumé les chandelles et commencé à chanter *Cher Joanesie, c'est à ton tour...* Silence total. Joanesie me regardait, les jeunesses m'écoutaient chanter. J'ai fait ça sans fausse note, le moment était presque solennel. Il a soufflé et tout le monde l'a applaudi. Il souriait enfin vraiment, je pense qu'il sentait l'amour que nous lui portons et qu'il l'acceptait.

Ensuite, jeux, musique. Reebah s'est installée avec Qalingo et Elaisa pour jouer au poker. Noah et Utuqi ont sorti la machine à écrire. Peter et Julia se sont affrontés au bras de fer, Peter perdait, je me moquais. Betsy dansait, sautillait, riait.

Faut dire qu'elle s'en va camper en fin de semaine avec Reebah et d'autres enfants du village. La municipalité a organisé cette sortie pour les enfants qui n'ont pas de papa ni de grand-papa. Eva, elle, était malade, elle a manqué tout ça.

La poste

Quel sujet passionnant : ici à l'école Arsaniq, nous en sommes maintenant à recevoir le courrier une fois par semaine. Papigatuk a ainsi établi le rythme de ses cueillettes au bureau de poste. Heureusement pour moi, mes parents m'ont appris la débrouillardise. Alors je me suis fait chum avec Betsy, la postière de Kangiqsujuaq. Betsy accepte de me donner les boîtes. Les lettres, et je la comprends, ça serait trop long à trier, mais les boîtes sont facilement repérables, alors elle me les donne volontiers, surtout quand je viens trois jours de suite avec mon air d'immigrée en mal de nouvelles du Sud. Elle a déjà vu mon sourire quand je reçois une boîte, elle a dû apprécier, car lorsqu'elle aperçoit ma tuque dépasser de son comptoir situé dans le fond de la Coop, elle s'empresse de me donner mon colis quand j'en ai un. Cette semaine, imaginez, je suis allée la voir quatre jours consécutifs. Faut dire que c'était un cas de force majeure, j'attendais du café, il m'en restait de moins en moins, je commençais même à envisager le pire : boire du Nestlé ou du Tim Hortons qu'une collègue m'a gentiment offert. Après avoir vérifié auprès de ma torréfactrice préférée, Denyse, que ma boîte était postée depuis deux semaines, je retourne le cœur battant au bureau de poste jeudi après l'école. Il ne m'en restait plus que pour une seule tasse. Vous vous rendez compte à quel point il faut avoir les nerfs solides pour travailler dans le Grand Nord ? Je m'installe, la postière n'est pas revenue de l'aéroport. Plus tard elle l'est, mais elle n'a pas encore distribué le courrier, alors elle n'ouvre pas la porte qui se coupe aux trois quarts pour devenir le comptoir lorsqu'elle s'ouvre (c'est pour ça que Betsy ne voit que ma tuque). Il y a de plus en plus d'Inuit autour des casiers, ça jase, ça se tortille le porte-clés, ça rit et ça me sourit. Je réponds aux sourires, mais je suis tendue: j'ai hâte de savoir. Finalement le quart de porte s'ouvre. Ce n'est pas Betsy! J'attends mon tour, plusieurs n'ont pas leur clé, alors après avoir réparti le courrier dans les casiers, la postière doit les distribuer aux gens en place. Je m'avance enfin, bégaye mon nom, la remplaçante me fait répéter, elle va voir dans les grandes tablettes et repère une fantastique petite boîte *directly from* Rimouski. Youpi! Je chante, je crie hourra, les Inuit encore sur place ont l'air contents pour moi. On rit. Mais je me calme vite, car j'ai deux grandes enveloppes à poster. Là, la remplaçante est complètement dépassée. *How much?* qu'elle me demande. Je le sais-tu moi, *how much*? Elle va se mettre à pleurer peut-être et une grande file d'Inuit attend encore derrière moi. Alors je lui baragouine: «*I can come back tomorrow. — Oh yes yes yes*», qu'elle me répond. Je suis donc repartie avec ma boîte et mes deux enveloppes à poster. Sont pas près d'arriver à destination.

Ça me fait penser à la différence entre les langues. Les Québécois ont de la difficulté à prononcer correctement le deuxième «a» de mon prénom, ce qui donne souvent (mais beaucoup moins qu'avant, j'en conviens) Nadiâ. Pour les Inuit c'est le contraire, le deuxième «a» est impeccable mais le premier devient un «é», ce qui donne le fameux Nédia de Peter, de Joanesie et de Betsty, entre autres. Mais ces considérations n'ont rien à voir avec la poste.

De toute façon, je n'ai plus rien à dire de la poste. Excepté que je trouve que je contribue grandement à cette entreprise gouvernementale cet hiver. Et qu'en général, mis à part les postiers de Rimouski, les postières de Saint-Valérien et de Kangiqsujuaq, je les trouve bien mal pourvus en services à la clientèle.

La bouffe

Je suis pas mal fière de moi. Je continue de me faire de la bouffe à toutes les fins de semaine. Comme j'ai pris de l'avance et que j'ai pu en congeler, il y a des semaines où j'ai mangé quatre menus différents, eh oui. Et c'est bon. C'est certain qu'il y a des recettes où on devrait mettre des herbes fraîches, mais il faut faire autrement ici. Mars, c'est le mois de la nutrition, et le gouvernement fédéral a débloqué des fonds pour un projet pilote qui veut inciter les Inuit à manger des légumes. L'Inuk (ou n'importe quel client) verse une partie du montant et le fédéral l'autre partie, je crois que c'est le coût du transport. Cela fait que les légumes coûtent le même prix et même un peu moins qu'au Sud. Paraît qu'on verra apparaître plus de variété dans les étalages. Il y a plein de collations gratuites à l'école. Ce serait le fun que ça dure.

Vendredi soir de Scrabble pas de Scrabble...

Eh non. J'ai décidé de passer mon tour. Je me sentais fatiguée, pas le goût de jaser, de chercher des mots à écrire sur une table et à dire à mes deux comparses. Juste envie de me blottir dans un fauteuil avec un livre, dans le silence béni du Nord.

C'est comme ça

Comme vous voyez, les deux derniers mois commencent à faire leur effet. On dirait que je fais le contraire de la lumière: plus y'en a, moins j'ai d'énergie. Alors j'ai décidé de la conserver pour le travail.

À la maison, je lis des romans, des essais, des revues légères. Je vis lentement en dehors des heures de classe. Je sors marcher chaque jour, question de m'oxygéner le cerveau. D'ailleurs Betsy a fait une imitation de moi marchant dans la rue qui en a fait rire plus d'un dans la classe : elle marchait au ralenti, les deux bras de chaque côté du corps, elle était tordante, elle ressemblait à Neil Armstrong sur la lune. Elle m'a dit : « Toi marcher pas vite, toi dormir en marchant. » Petite comique, va.

Je vais très bien, je savoure autant l'expérience qu'avant, mais j'ai comme les jambes molles, la semaine de vacances en avril sera la bienvenue. J'ai attrapé une espèce de petite grippe qui me permet d'être dans mon pyjama à pois, avec mes bas de laine d'agneau en lisant des *Paris Match*. Quasiment amusant d'avoir un rhume...

Je vous souhaite une belle semaine. Prenez soin les uns des autres, je vais faire pareil avec ma gang de pré-ados que j'aime tant. Tout passe si vite, l'hiver achève déjà, savourez bien l'instant présent, bourrez-vous la face de mois de mars...

Affections et tendresses,

Nadia

11

LIEU KANGIQSUJUAQ

DATE DIMANCHE 19 MARS 2006

OBJET **Aux portes de l'équinoxe**

La classe

« RACONTER UNE HISTOIRE », tel était l'objectif de la semaine pour notre belle classe, objectif imposé par le ministère de l'Éducation, du Loisir et du Sport (non mais ça s'peut-tu ce nom et cette mission à un ministère? J'ai un éditorial prêt à sortir, retenez-moi, quelqu'un). La commission scolaire avait donc besoin de notre collaboration pour «dresser un portrait réaliste du niveau de compétence de nos élèves en français écrit».

Réussir à proposer, imposer, recueillir cet exercice est un défi en soi, dans le contexte scolaire où nous nous trouvons. Le faire à l'intérieur d'une semaine où il y a une ouverture officielle de gymnase et un tournoi de hockey régional relève de la pure folie. Par moments, il s'agissait de masochisme (pour moi) et de sadisme (pour les élèves). Ce n'est pas parce qu'il y a de la classe jusqu'à 14 h 45 que les jeunesses ont la tête à étudier. Jeudi et vendredi après-midi, c'est congé pédagogique à cause de ce fameux tournoi de hockey. Mais encore là, ce n'est pas parce qu'il y a de l'école le matin que les enfants ont envie d'y être, d'apprendre de nouvelles choses et de participer avec enthousiasme à la mise en forme d'une évaluation qui servira l'ensemble des Inuit du même âge dans tout le Nunavik. À côté d'un tournoi, ça ne fait pas le poids, c'est clair.

Mais pourquoi n'ai-je pas eu assez de caractère pour envoyer promener les démarches pédagogiques expérimentales cette semaine? Pourquoi me suis-je posé cette question seulement jeudi après-midi, à moitié morte d'avoir fait tant d'efforts de motivation, de persuasion? Mais non, forte de mes vastes connaissances de ce peuple aussi vieux que la roche que je foule pour me rendre à l'école chaque matin, je me suis contentée de faire de mon mieux, de m'emballer pour ce projet et de ne pas avoir d'attentes trop précises. Résultat: Qalingo, Reebah et Peter s'en fichaient complètement. Betsy et Noah, moyennement. Eva et Utuqi, je ne sais pas. D'ailleurs Eva n'est pas venue jeudi matin. Joanesie et Elaisa ont eu l'air de trouver le projet pas mal. C'est assez représentatif du groupe. Mais je suis maintenant convaincue que si nous avions eu plus de temps, le résultat aurait pu différer. Vendredi matin j'ai enfin mis mon gros bon sens au service des jeunesses et j'ai déclaré: «On arrête l'activité pour cette semaine, vous raconterez votre histoire lundi matin.» Tout le monde était bien content, moi surtout. Parce que je pense qu'ils n'auraient rien raconté ce matin-là, excepté la victoire de leur équipe, 10 à 4, la veille, contre Quartaq.

Noah va bien, comme toujours. Il parle et comprend assez bien le français, mais cette semaine je me suis aperçue qu'en groupe, c'est très difficile pour lui d'écouter et d'être attentif. Quand je le questionne, il n'arrive pas à répondre. Alors, il se met les mains devant les yeux et couche sa tête sur son pupitre en disant: «Je ne sais pas.»

Joanesie a une mauvaise grippe qui ne passe pas. Il a une toux creuse. Le matin, il me semble qu'il a les yeux encore plus bridés. Un signe supplémentaire de mauvais sommeil dû à la grippe. Il peaufine sa technique de pré-ado pour faire choquer la Ouioui : me faire répéter plusieurs fois des mots ou des phrases pour éclater de rire après. Et lorsqu'il me fait répéter parce qu'il ne comprend vraiment pas, et que je refuse parce que je suis certaine qu'il me niaise, il se fâche et se met à me chanter des bêtises en inuktitut. Et je ris. C'est notre routine. Une manière de dire à l'autre : Je suis là, ne l'oublie pas.

Peter, grand et jeune macho vigoureux aux hormones aussi pimpantes que lui, n'a pas été à la récré vendredi matin. Trop dissipé, batailleur et qui ne se maîtrise pas assez. Il se chamaille avec tout ce qui bouge dans les corridors. Il est allé un peu trop loin en terrorisant un petit de 3e qui ne fait même pas la moitié de sa taille. « Pour rire, Nédia, moi bataille pas fort. » Je suis très sensible aux grands qui profitent de leur caractéristiques physiques pour dominer les plus petits. Avec mes 4 pieds 10, j'ai eu le temps de développer un certain point de vue sur la question. J'ai la mèche courte avec ça, on pourrait dire. Alors depuis mon arrivée, je répète à Peter : « Choisis les plus grands ou ceux qui ont la même taille que toi pour tes batailles, jamais les plus petits » (n'allez même pas imaginer que l'on puisse dire à Peter de ne pas se batailler tout simplement — il ne comprendrait pas, dans aucune langue). Bref, il ne s'est pas rappelé mon conseil et ça lui a coûté une récré.

Fin d'avant-midi vendredi, les jeunesses jouaient à l'ordi, dessinaient au tableau, faisaient un peu de ménage. Pendant que je m'affairais à rapailler les tests non complétés, Peter est passé à côté de moi et m'a donné un coup de dictionnaire sur la tête. Comme ça, pour rire. J'ai vu rouge. Je lui aurais volontiers foutu une raclée, là sur place. Comme il est plus grand que moi, selon mes principes, j'aurais pu. Sérieusement, j'étais interloquée. À moitié assommée, je l'ai sorti de la classe. Ça a changé l'ambiance disons. Direction igloo. Moi, ça ne me tentait pas vraiment de le revoir avant lundi, mais il m'a écrit un mot d'excuses qu'il m'a lu sans rire, ce qui constitue un exploit digne de mention dans son cas. «Je m'excuse Nédia, moi pas fait exprès.» J'ai craqué en voyant dans ses yeux que son geste avait été spontané, sans préméditation. Il aurait eu une plume dans les mains que c'est une caresse dans les cheveux que j'aurais reçue. Ce qu'il voulait me signifier, c'est: «Je suis là, ne l'oublie pas.» Pas de danger, Peter, rassure-toi.

Reebah continue d'explorer sa colère sous toutes ses formes. Cette semaine elle est encore allée à l'igloo. Mais en classe, elle a bien travaillé jusqu'à ses débordements. Faut dire que la semaine était assez étrange, avec cette démarche de raconter une histoire, avec ma grippe de lundi après-midi, les congés de mercredi, jeudi et vendredi après-midi, les cours d'inuktitut, d'éducation physique et de culture; on n'a pas vraiment eu le temps de se chicaner. Elle a quand même pris quelques moments pour me hurler que je suis *boring* jeudi matin en tapant dans le mur et en sortant de la classe en claquant la porte. Quand je l'ai vue au petit déjeuner vendredi matin, l'oreiller dessinée dans son visage, elle m'a dit la voix encore rauque de sommeil: «Moi oublier devoir. Non ce n'est pas ça: moi, j'ai oublié mes devoirs». Je lui ai caressé les épaules et elle s'est collée contre moi. Je lui ai murmuré: «Tu iras les chercher après le déjeuner, tu auras le temps.» Elle m'a répondu «D'accord.» Je lui ai refilé un autre quartier d'orange.

Les autres vont bien aussi. Betsy m'imite de mieux en mieux, Elaisa travaille ses muscles, Qalingo s'est fait des tatous de bélugas sur les bras. Utuqi et Eva sont toujours aussi discrètes et ricaneuses. Julia n'est pas venue une seule fois cette semaine.

L'ouverture du gymnase

Encore une fois, le village s'est rassemblé, mercredi après-midi dans le soleil, le vent et le froid. Cette fois c'est pour inaugurer un beau gros bâtiment rouge en tôle et en bois: le gymnase. On dirait qu'il y a des architectes qui travaillent maintenant sur les bâtisses du village. Ma foi, ce qu'ils font est assez joli à l'œil. Dommage qu'on n'ait pas pensé à eux pour construire les maisons des Inuit, qui sont une véritable honte pour le métier d'architecte.

Je n'ai assisté qu'à la première partie de l'inauguration, la partie en plein air. Il y a eu trois discours en inuktitut, par trois gars. Évidemment, je n'ai pas compris, mais par leurs gestes, j'ai saisi que cet endroit serait utile aux enfants et aux adolescents. Ils ont dit en anglais: « *Two million dollars.* » Les chiffres en inuktitut sont, paraît-il, interminables à prononcer, alors la plupart des Inuit utilisent l'anglais quand ils parlent de chiffres, j'avais remarqué ça dans la classe. La mairesse était là, bien emmitouflée dans son capuchon bordé de renard. Les gens n'écoutaient pas vraiment, mais ils avaient l'air contents d'être là. Les enfants glissaient, criaient, couraient. Le ruban à couper était en fait une guirlande de Noël récupérée. Quand le monsieur désigné par la communauté a voulu la couper, le vent l'éloignait, les gens riaient. Un autre Inuk est venu la retenir, ce qui a permis de rendre officielle l'ouverture du gymnase et l'entrée massive des gens agglutinés en bas de la galerie, qui servait en même temps de tribune pour les discours. Je suis repartie vers l'école (je vous rappelle que je ne suis pas reporter mais professeure ici) en me disant que je reviendrais au gymnase aussitôt que j'en aurais l'occasion. Les enfants m'ont raconté le lendemain que les responsables avaient lancé des bonbons et des cadeaux (tradition inuite), et que tout le monde avait chanté *Ô Canada*. Même la police était là.

Parlant de police...

J'en ai appris de bien bonnes à ce sujet grâce à Melinda ma collègue enseignante en 7e année anglais. Au village, deux policiers doivent assurer la sécurité sept jours sur sept, 24 heures sur 24. Ils sont blancs et n'ont pas 30 ans. Ni l'un ni l'autre ne parle la langue. L'un des deux est un policier de formation qui sait comment intervenir dans toutes sortes de situations : bagarre, vol, violence conjugale, menace de suicide, meurtre, agression, viol, etc. Il sait comment enfiler des menottes, il porte une arme et utilise un radio émetteur. L'autre, il n'a pas de formation, donc il ne peut porter d'arme, encore moins en utiliser une. Il n'a qu'un bâton et du poivre de Cayenne, quelle que soit la situation dans laquelle il se trouve. Et pourtant il a les mêmes tâches et responsabilités que son coéquipier. En fait, ce gars-là était prof suppléant, mais comme il n'y avait pas de poste à temps plein, il a accepté de remplacer le policier partant. Il a le physique de l'emploi. Maintenant, préparez-vous à lire quelque chose d'étonnant : ce jeune homme est aussi pilote d'avion. Melinda le sait, puisque c'est son conjoint.

Alors chez eux, le téléphone peut sonner deux, trois fois par nuit. Mike (évidemment, il s'appelle Mike) se lève, la peur au ventre, va séparer les bagarreurs et revient dormir quelques heures. Imaginez, en fin de semaine, lors du tournoi de hockey, une centaine d'hommes ont débarqué au village. Melinda me confiait que son *chum* n'en peut plus. Il termine en avril, il veut partir d'ici. Remplaçant, pas de remplaçant, il s'en va. Ils étaient arrivés ensemble, elle et lui, lui croyant pouvoir piloter dans le Nunavik pendant qu'elle enseignerait aux gentils Inuit. Leur rêve ne s'est pas tout à fait concrétisé. Ils songent à aller vers l'Alberta où, paraît-il, il aurait plus de chances de voler. Elle est prête à le suivre, surtout à cause de sa classe de fous raides (vous savez, je ne veux pas être méchante ou méprisante, mais comparés à ces enfants-monstres, ceux de ma classe ont l'air de hippies au ralenti). Melinda et Mike en ont vraiment plein leurs bottines et leurs casques. Et si vous rencontriez Melinda, vous verriez qu'elle est la douceur incarnée, la grâce personnifiée. Après m'avoir raconté tout cela, devant mon air éberlué, elle a ajouté avec son accent si charmant: «Tu sais, je twicote tout l' temps, ça calme moi.»

À la pêche aux moules moules moules...

Vendredi midi, accalmie dans le blizzard. Pierre, prof ouioui, ici depuis une vingtaine d'années, marié à une Inuk, décide que c'est le temps idéal pour aller aux moules sous la glace. «Es-tu prête? — Mets en.» Alors on part à quatre motoneiges. Sa femme Jessica avec Isabelle (l'éducatrice spécialisée), Michel (le chum de Lucie, la prof-cuisinière) avec Christiane, Julie la prof de 6ᵉ année et Pierre, avec Sophie et moi dans le traîneau derrière, enveloppées dans une peau de caribou, ce qui me permet de jouer à la princesse des neiges dans son carrosse à ciel ouvert. Pour ça, il faut oublier le bruit du moteur, l'odeur de l'essence, les bosses douloureuses pour le dos et les fesses. Mais c'est pas n'importe qui qui peut être une princesse des neiges. Plus tard, viendront nous rejoindre Melinda et Mike, Shona (prof au secondaire) et Hugo, nouveau couple constitué grâce à une formation RCR dispensée par Hugo en janvier.

Il fait un temps splendide : soleil et nuages de toutes sortes (on dirait une exposition), sur un gigantesque écran bleu «profond». On s'élance vers la baie gelée, je m'apprête à découvrir enfin, ce qu'il y a du côté ouest des choses.

On roule environ 25 minutes. On traverse une petite zone de turbulences, un nuage de vent, une fine poudre enveloppante, qui trouble la vue. Mais c'est très court, on débouche rapidement sur la lumière pure, les montagnes et la dentelle formée par les glaces qui longent la baie. Tout à coup, le turquoise est là. Un turquoise qui irradie sous l'amoncellement des blocs de glace qui s'emboîtent tant bien que mal. Et nous, on file le long de ce spectacle féerique. On s'arrête. Sur quel repère ? Je l'ignore.

Pierre sort un pic, une pelle et s'avance au bord des blocs au pied de la montagne. Il consulte sa femme Jessica et se met au travail avec Michel. Nous découvrons tranquillement le site, la baie gelée bordée de montagnes blanches, tachetées du gris des pierres qui ponctuent la vue. Comment Jessica a-t-elle pu lire la glace pour déterminer l'endroit où creuser ? Ce n'est pas cette semaine que je vais savoir ça. Le bord est plein de crevasses à cause des glaces qui bougent sous l'effet des marées. Les glaces sont épaisses, elles ne bougent donc pas quand on n'est que dix à marcher dessus, ça prendrait pas mal plus de puissance pour les déplacer. C'est pour cette raison qu'on peut y faire un trou, s'y glisser et aller récolter des moules en dessous, pendant que l'eau salée s'est retirée (on parle ici de marée basse).

Lorsque le trou est suffisamment grand, Jessica y disparaît pour aller inspecter les lieux et nous y entraîne, après que Pierre et Michel aient creusé un deuxième trou à une vingtaine de pieds plus loin. Nous voilà donc sous la glace, avec nos sacs, nos lampes de poche et l'abondante présence des moules. Je n'en reviens pas. Ça sent le varech, j'entends l'eau couler comme un ruisseau, il ne fait pas froid, nous sommes comme dans une grotte au plancher de roches, d'algues et de moules. La grotte a un plafond blanc de glace lustrée. Les deux ouvertures permettent une entrée importante de lumière, il ne fait pas si noir. À quatre pattes, je me mets au travail. Parce que c'est bien beau la poésie, mais les moules c'est encore meilleur. Et il n'y a pas de temps à perdre. Nous sommes environ une dizaine sous la glace et cinq à la surface. En dessous, ça prend des photos, ça se bécote, ça change de place constamment, ça parle sans arrêt. Des vrais touristes. Moi, je suis dans mon élément, même si je me trouve en terrain complètement inconnu. C'est une sensation enivrante. Je reconnais les odeurs iodées, les puces de mer, les roches mouillées, l'eau claire, le sable sous les roches, je sais les gestes que je dois faire ; tout cela me grise au-delà de ce que je peux écrire. Ces choses-là se ressentent, moi, je suis impuissante à les décrire.

Au bout d'une quarantaine de minutes, mes deux sacs Northern sont pleins, je suis prête à remonter. J'ai pu oublier mon côté claustrophobe pour vivre l'expérience, mais j'ai des limites et elles approchent. Quand même, des tonnes de glace sur le dos, qui me frôlent, ç'a quelque chose de très impressionnant, même avec des épaules très solides. Je remonte donc, par la petite échelle de bois que Pierre a pris soin d'installer et je refais surface, totalement mouillée et émerveillée. Les autres suivent, nous voilà revenus sur terre.

Le soleil est déjà plus bas dans le ciel, les nuages plus nombreux, plus regroupés, il est temps de rentrer. Je me réinstalle dans mon carrosse, encore sonnée par cette expérience unique. Je remercie Jessica et Pierre comme je dirais une prière. Les deux semblent heureux de mon bonheur. En fait, tout le monde a un air un peu beaucoup béat. *C'est comme ça.*

Et c'est reparti, direction est. Les pieds appuyés sur les sacs pleins, j'ai une pensée pour les cueilleurs de moules de la Côte-Nord, qui se rassemblent au printemps lors d'une grande fête.

Le paysage est si démesurément grand et, dans notre caravane de motoneiges, nous sommes si petits sur ce territoire aux prodigieuses proportions. Et nous y sommes seuls. J'essaie d'imprimer en moi tout cet espace, mais il n'y a pas assez de place. Imax en comparaison, c'est une photo passeport.

Bientôt, le village apparaît, enveloppé de vent. Le blizzard s'est levé, nous arrivons dans son tourbillon de flocons qui pincent les joues, brouillent la vue. Je descends de mon carrosse et je flotte jusqu'à mon nid-royaume, totalement givrée, en dehors comme en dedans.

Qu'est-ce que je pourrais écrire de plus? Rien, sinon que les moules étaient succulentes.

Encore pas de Scrabble...

Comme le père Dion était déçu et nous aussi! À cause du blizzard, de sa bagnole en panne, du taxi qui n'avait plus de freins, il n'a pu se rendre jusque chez moi. Il m'a téléphoné vers 20 h 15, après avoir bien essayé de partir. La semaine prochaine, il va à Kuujjuaq.

Tournoi de hockey

Samedi après-midi, je suis allée assister à une partie de hockey. Tournoi senior entre six villages de la baie d'Ungava: Kangiqsujuaq (Wakeham Bay), Kangiqsualujjuaq (George River), Kangirsuk, Quaqtaq, Salluit et Kuujjuaq. En semi-finale: première et quatrième positions, occupées respectivement par

Kangiqsujuaq et Kuujjuaq. C'est la partie que j'ai vue. Kangiqsujuaq: 15 joueurs et deux gardiens de but, Kuujjuaq: dix joueurs et deux gardiens de but. Deux périodes de 15 minutes non chronométrées et une troisième période avec les cinq dernières minutes chronométrées. Ça patine pas mal vite, j'ai trouvé, mais les joueurs n'ont pas un haut niveau sur le plan des séquences, des stratégies. Un jeu assez improvisé, beaucoup de lancers dans le fond de la zone adverse. Heureusement, ils patinent vite, ça compense. Il paraît que lorsque les joueurs s'entraînent, ils jouent comme si c'était un match. Par exemple, on ne verra pas des Inuit s'entraîner à trois contre trois, ou chercher des manières de monter au but. Non, quand ils pratiquent, ils jouent cinq contre cinq et c'est tout. C'est peut-être pour ça que chaque équipe a deux gardiens... Mais quand même, quelques joueurs se distinguent, notamment Charlie Alaku de Kangiqsujuaq; vous devinez son numéro: 99. Il est parti de la ligne bleue, a fait le tour du filet et a lancé du revers en haut à droite: lance et compte! Deux buts et une passe dans le match. Kangiqsujuaq a gagné 4-2 (qu'est-ce que vous pensiez?). Il y avait une ambiance intense sur la patinoire, je n'aurais pas aimé que Kangiqsujuaq perde: les gars sont orgueilleux, et la foule leur mettait beaucoup de pression. Peter était préposé aux bâtons, j'ai demandé à Reebah si le père de Peter jouait, c'est oui, numéro 19. J'ai compris bien des choses à propos de mon grand fouet en observant le comportement de son père. À la dernière période, avec la confortable avance de deux buts, il s'amusait à déconcentrer l'adversaire en disant des choses aux joueurs pendant les arrêts. J'ai vu un joueur se fâcher très fort quand le père a ri de son grand nez. Il l'a tellement taquiné que ça a failli coûter un but à l'équipe car ce joueur ne s'occupait plus du tout du jeu, grand imbécile. Papigatuk jouait aussi, numéro 7. Un petit nerveux susceptible. Il a pris trois minutes de mauvaise conduite en deuxième période, on pouvait comprendre puisque le compte était 2-1 pour Kuujjuaq. Mais à la fin de la troisième, c'était plutôt drôle de le voir jeter les gants. Le joueur de Kuujjuaq haussait les épaules en voulant dire : Non, mais qu'est-ce qui lui prend ? La foule rigolait. Sacré Papigatuk, il a été expulsé. J'ai hâte de le revoir pour vérifier s'il est aussi susceptible en dehors de la patinoire. La partie s'est terminée par de belles poignées de main sans agressivité. Kangiqsujuaq est donc allé en finale samedi soir, contre Salluit. La zamboni vient de Rock Forest, c'est écrit Éco-glace dessus.

Je suis arrivée à l'aréna 30 minutes trop tôt. J'en ai profité pour faire le tour. C'est un petit aréna, comme celui de Chute-aux-Outardes (village sur la Côte-Nord). Pour un immeuble neuf (à peine cinq ans m'a-t-on appris), je le trouve déplorable. Les gars ont dû pelleter du côté des bancs pour la foule avant la partie. De la neige s'était amoncelée un peu partout autour des portes. Vraiment, les architectes et les entrepreneurs.... Je me suis assise sur le caoutchouc noir, pratiquement seule du côté des spectateurs. Le gars de la disco est arrivé (car il y avait de la musique entre les périodes de jeu, *We are the champions, pis toutt pis toutt*), la foule a commencé à apparaître peu à peu. Dans les haut-parleurs, *Hallelujah* de Leonard Cohen, interprété par une femme, mais je ne sais pas qui. C'était particulier, j'irais jusqu'à dire que c'était beau, tout ce calme avant la ferveur. Comme d'habitude, beaucoup d'enfants couraient, se chamaillaient et ne suivaient pas du tout l'action. Au début, j'étais installée seule, quelques Inuit de chaque côté de moi. Puis les professeurs ouiouis se sont mis à débarquer bruyamment, «moi pas capable». Je me suis donc poussée à l'autre bout de la rangée. J'étais la seule Blanche, j'étais bien, personne ne s'occupait de moi exceptée Reebah, qui est venue me trouver. J'ai vu Elaisa, Betsy, Joanesie, Eva, Noah, que j'ai salués discrètement de la tête. Je pense qu'ils apprécient ma retenue en public, que ça fait partie de la base pour établir et cimenter une complicité qui s'est installée, on dirait bien. À la fin, je suis repartie avant les autres, le stationnement était rempli, un vrai rassemblement de motoneiges! C'est Toyota qui pourrait faire de la belle publicité avec ça. En plein blizzard, toutes ces rutilantes machines prêtes à bondir jusqu'au tournoi, en finale... Justement, en finale, après la deuxième période, c'était 3-0 pour Salluit. Et 6-3 pour Kangiqsujuaq à la fin du match. Je me demande comment dire *We are the champions* en inuktitut.

Le vent

Il s'est levé jeudi matin et il n'a fait qu'amplifier pendant 72 heures, jusqu'à dimanche au petit matin. Il a retenu son souffle durant les trois heures magiques de la pêche aux moules, mais ce n'était que pour revenir plus furieux ensuite. Samedi, je ne voyais plus l'école, comme la fois où il a fait trembler la maison, qui s'y est remise d'ailleurs, à trembler. Mais maintenant je connais mieux le vent, je l'ai observé derrière mes fenêtres, je l'ai écouté attentivement (c'est vrai qu'on ne peut faire autrement). Christiane a d'ailleurs trouvé une belle comparaison: on dirait une mer déchaînée. On pourrait se penser au bord des vagues. J'ai marché les yeux fermés, plantant mes bottes dans la neige qu'il entasse en croissants. Mais je ne serais pas allée plus loin, ça c'est certain. À la longue ça me rend un peu dingue, ce souffle continu, ces bourrasques constantes. On dirait qu'il vente en moi. Une sensation vraiment très étrange. Et pourtant j'aime le vent. J'en suis contente parce que si je le détestais, je serais remplie de haine, c'est certain. Ce matin, c'est si reposant, ce temps suspendu, enfin. Les avions pourront peut-être recommencer à circuler. Et les *sewages* aussi. Je pourrai prendre ma douche sans crainte de manquer d'eau.

Alors voilà

Pour le petit quotidien ordinaire, puisqu'il y en a un, je vous l'assure, sachez que j'ai une vraie grippe, j'irais jusqu'à dire une grippe d'homme, tellement je me sens sur le bord de m'en plaindre. Et que la fournaise à l'huile fait encore des siennes. Je dois la faire repartir constamment et elle ne fonctionne pas longtemps, le moteur cale, on dirait. Tout à l'heure à mon réveil, il faisait 12 °C dans mon nid et je suppose qu'elle s'est encore arrêtée depuis mon départ. Mais elle a le temps de chauffer un peu avant de s'étouffer, c'est toujours ça de pris. Je ne pense pas que Papigatuk soit en mesure de s'occuper de mon problème aujourd'hui, ça ira à demain. *C'est comme ça.* J'ai des caleçons chauds, je ne m'énerve plus pour si peu.

Continuez de m'écrire, c'est du carburant extraordinaire pour tenir la chronique et poursuivre cette aventure sans m'énerver, justement.

Allez, ça suffit pour aujourd'hui, bon printemps, je vous aime.

Nadia

12

LIEU KANGIQSUJUAQ

DATE DIMANCHE 26 MARS 2006

OBJET **Autre temps, autrement**

LA FORME BRÈVE S'EST LAISSÉE DÉSIRER, mais elle a fini par émerger. Après les grands reportages truffés de détails, je vous offre cette semaine quelques petits moments sans importance, excepté pour moi. Il faut bien se faire plaisir de temps en temps.

Poésie nordique...
Après avoir raconté une histoire avec plus ou moins de succès, les jeunesses ont écrit de la poésie en groupe. J'étais leur secrétaire et je me suis contentée de transcrire leurs mots sur le tableau. Bien entendu, j'ai stimulé leur créativité, mais si peu qu'il faut à peine le mentionner. Il a été décidé, comme ça, spontanément, d'imaginer un poème sur chaque élève de la classe. Ils ont compris bien vite des notions comme l'acrostiche, la répétition, la musique d'une phrase, la rime et le cœur qui s'exprime.

La classe, jour après jour...

Lundi, Reebah renverse mon café sur le plancher dans un mouvement de fureur. Les autres nettoient le dégât sans dire un mot. Pour moi, cet incident veut dire beaucoup : Reebah et moi sommes aimées. Je les remercie sincèrement pendant que Reebah s'explique avec Véronic. Dans la classe, tout à coup, ça sent bon le café. Dictée de la semaine : La lune est pleine.

Mardi, Joanesie lance des morceaux de glace sur les fenêtres de l'école. Je le sermonne. Après il les lance sur moi. Joanesie vise plutôt bien.

Mercredi, Elaisa a joué au perroquet avec mes paroles fatiguées. Elle était la seule à s'amuser. Je lui ai parlé de méchanceté. Elle a ri encore plus fort.

Jeudi, jour de poésie qui n'était absolument pas au programme. Devant le talent et l'envie des enfants, je m'incline sans faire de drame. Rires complices et trouvailles applaudies spontanément. On s'amuse tellement que Betsy ne veut pas partir avec Isabelle. Pour bien le montrer, elle me lance une gomme à effacer qui reste imprimée dans le tableau vert, petit nuage de poussière et de colère. Je suis contente que ce ne soit pas mon ventre, j'étais juste à côté. Un mètre plus à gauche et la maîtresse était poquée. À demain Betsy.

Vendredi, nous allons glisser. Comme chaque jour de cette semaine passée en coup de vent, il fait soleil et ciel bleu. Les bonbons de ma sœur Mitsou sont savourés au sommet. Nous sommes heureux et fatigués. Nous sommes forts et sucrés.

La vie la vie (musique)

Mon filtre à humidificateur est encore dans un magasin quelque part à Kuujjuaq. J'ai fourni pour la troisième fois à Papigatuk le numéro de série. Cette fois j'ai écrit au feutre :

URGENT sur la feuille. Décidément, Papigatuk est plus vite sur ses patins que sur les commandes de filtres.

Certains Inuit aiment se promener en quatre-roues et en motoneige pendant la nuit. Apparemment, les meilleures pistes du village se trouvent autour des maisons. Étonnant pour un territoire si grand.

De la bibliothèque, les *Snoopy* ont voyagé jusque chez moi. Chacun leur tour dans ma cour.

Jeudi après-midi, pas d'électricité pour cause de réparations. La Coop et le Northern ont dû cesser leurs opérations, mais l'école n'a pas été touchée.

Un psychologue devait venir à l'école (pour les enfants, voyons). Brouillard à Salluit, le psy annule sa visite. Certains enfants déboussolés resteront donc dans leurs brumes. Aucun changement psycho-climatique n'est prévu. *C'est comme ça.*

Le Nord est un endroit de rêves. Chaque nuit depuis mon arrivée, mon sommeil en est peuplé.

Betsy la postière, ma plus grande complice ici, a un nuage bleu autour de son œil noir et un orage dans le regard. Je n'ai pas su quoi dire devant ces traces de violence, mais mes sourcils haussés m'ont trahie. Elle m'a donné ma boîte d'amour maternel, je l'ai remerciée un peu plus que d'habitude. « *Have a nice week-end Betsy. — Maybe Nédia. See you.* »

Vendredi au crépuscule, le soleil a dressé un écran géant rose entre nous et le bleu du ciel. Peut-être est-ce ainsi que naissent certaines aurores boréales. Des lève-tard.

La lumière polaire m'inspire le silence cette semaine. Les descriptions précises, la diversité des sujets, tout cela n'est que bavardage léger après tout. Même si je vous décrivais mon quotidien dans le menu détail, je ne suis plus du tout certaine que je pourrais le rendre avec précision. Je préfère la profondeur des marées enfouies sous la glace depuis que j'y ai déposé mes mots.

J'arrive à un nouveau jalon de mon voyage (*veiage,* anc. fr., 1080, «chemin à parcourir»). J'avance, tranquille et solide malgré la vulnérabilité que m'apporte mon ennui de certains êtres. N'allez pas croire que je suis triste. Dans *parcourir,* il y a *parcours* et il y a *rire.* J'explore la vastitude de mes pays de l'en-dedans. Mon être se dévoile dans son essence-ciel. Les chemins sont nombreux et c'est avec ma joie que je les trace. Dans cet ailleurs trilingue sans parole. Ce que je découvre me ravit.

L'expérience nordique me transforme. Mais en réalité elle ne fait que me révéler à moi-même.

Printemps lumineux, soleil qui monte et qui monte. Le temps du Nord sculpte une nouvelle silhouette à ma solitude. Et mes repères deviennent des inuksuks que je construis peu à peu, en lisant, en cuisinant et en·chantonnant. Immersion totale.

Des Inuit m'habitent, ce qui implique que désormais je suis capable de vivre ici et maintenant. Et que sans trop m'en rendre compte, j'ai adopté certains de leurs comportements. J'espère que c'est pour toujours.

Vive la poésie du regard. Elle m'aide à vivre et à aimer.

Bonne semaine, les Ouiouis!

Nadia

13

BON MATIN, BON DIMANCHE, BONNE LECTURE.

La classe, ma vie ici

Semaine d'examens, donc les élèves ont travaillé plus fort que moi. J'admets que ça fait du bien de renverser la vapeur un peu, d'être assise tranquille et de les regarder besogner. Je me disais, en les observant, à quel point le temps a filé depuis la précédente semaine d'examens. Nous nous étions rencontrés à peine cinq jours auparavant. Et maintenant nous avons appris tellement de choses les uns des autres.

Je sais que Qalingo travaille mieux pieds nus, que Peter préfère être couché par terre pour se concentrer, qu'Elaisa choisit inévitablement le bord de la fenêtre, que Noah s'entoure de cartables, formant un petit abri dans lequel il s'enferme pour remplir les feuilles d'examen; je reconnais Joanesie dans son besoin de se lever souvent pendant qu'il réfléchit; je sais que Reebah fait des blagues en inuktitut dès que je réclame le silence; je n'oublie pas qu' Utuqi passe de longues minutes dans le dictionnaire à rêvasser à bien d'autres choses qu'aux questions; qu'Eva bouge les lèvres en lisant l'épreuve et qu'elle fera sautiller sa jambe droite au plus fort de sa concentration; que Betsy m'observera entre deux réponses et me fera un sourire complice pendant que les autres auront la tête penchée sur leur table de travail, comme si nous avions concocté l'examen ensemble, son regard me disant: «Eh! on les a bien eus, non?» Et je m'habitue peu à peu à l'idée que Julia ne fait plus partie de cette classe, sauf en de rares occasions, où elle apparaît comme une visiteuse qui peut aller et venir à son gré.

Mercredi, lecture et expression orale. J'ai rencontré individuellement les enfants tout au long de la journée. Ils sont tous venus à l'examen et sont arrivés à l'heure, un exploit! Ça s'est bien déroulé en général. Mais Joanesie a refusé de faire la partie d'expression orale. Il s'est complètement fermé et n'a pas voulu répondre à mes questions, malgré toutes mes tentatives. Il est reparti, en colère, fiévreux, je lui ai pratiquement ordonné d'aller voir l'infirmière, car sa grippe ne guérit pas. Mais il a erré autour de la classe toute la journée; je l'ai ignoré, j'ai appris à laisser aller les choses sans insister. À 15 h 45, j'étais seule dans la classe, Betsy venait tout juste de quitter. J'ai entendu gratter avec insistance à la porte, c'était Joanesie et Qalingo! Joanesie m'a dit: «Je veux recommencer s'il vous plaît, Qalingo attendre moi.» Celui-ci s'est donc installé dans le corridor avec des livres, et Joanesie a répondu aux questions de l'expression orale. J'ai bien tenté d'en savoir plus sur son comportement du matin, mais là-dessus, aucune précision; que des «je ne sais pas» et des sourires comme autant de murs blancs. Je pense que Joanesie ne sait pas comment réagir à un attachement sincère. Je me suis rendu compte qu'à chaque fois qu'il est bien, que nous sommes détendus, qu'un courant d'affection passe entre nous, il le brise, c'est plus fort que lui. Tout à coup, il me hait autant qu'il m'aime. Et il voudrait que je fasse la même chose, mais moi, je l'aime tout le temps, même quand je suis fâchée. Et je l'aime tellement, ce petit grand Inuk, empêtré dans ses sentiments contradictoires, la gorge nouée. C'est une tempête intérieure ambulante.

Pendant cette journée de rencontres individuelles, j'ai appris qu' Utuqi (qui a eu 13 ans lundi dernier) avait une grande sœur en plus de son petit frère.

« Et qu'est-ce qu'elle fait, ta sœur?

— Dormir

— Jusqu'à quelle heure?

— Onze heures, midi.

— Et après?

— Écoute télévision. Et après avec son amoureux jusqu'à 2 ou 3 heures du matin. »

Ah bon.

Qalingo est le cadet d'une famille de quatre enfants, ce que j'ignorais. Il a sa sœur, Minnie, 15 ans, en première secondaire. Il a aussi son frère Atasie, 17 ans.

« Et qu'est-ce qu'il fait?

— Dormir. Écouter la télévision. Rien.

— Et il ne va pas à l'école?

Noooooooon.

Il a aussi son frère Touno, 21 ans.

— Et qu'est-ce qu'il fait, Touno?

— Dormir. Écouter la télévision. Rien.

— Il ne chasse pas?

— Non.

— Il ne pêche pas?

— Non, mais des fois l'été. »

Je ne savais plus trop quoi dire, je commençais à me sentir un peu mal à l'aise d'avoir été entraînée dans la vie privée de Qalingo. Mais j'étais tellement persuadée que si Qalingo avait des grands frères, ils travaillaient. Leur père est employé à la Reglan, leur mère est conseillère à l'école, le grand-père est l'un des aînés les plus respectés de la communauté car il était un grand chasseur et pêcheur, et la grand-mère a reçu un doctorat honorifique pour avoir écrit un livre, *Sanaaq*, sur la vie des Inuit, en collaboration avec un anthropologue du nom de Bernard Saladin d'Anglure. Comment comprendre ce qui arrive aux descendants de ces gens?

Betsy, étant restée la dernière, m'a aidée à placer les nombreux tests de l'étape en ordre alphabétique pour faciliter le montage des dossiers. Elle était joyeuse, taquine. Elle va beaucoup mieux qu'en janvier. Mis à part sa colère de la semaine passée qui était bien compréhensible, elle ne se fâche plus, ne se ferme plus comme une huître. Au contraire, elle exprime sa joie, ses désaccords, ses envies avec un enthousiasme, une soif de vivre qui est très inspirante.

Eva se remet de sa grippe. Elle est de plus en plus ricaneuse, mais elle fait tout cela bien discrètement. Noah et Elaisa sont en forme mais à l'examen d'expression orale, j'ai dû leur arracher chaque mot de la bouche. J'étais étonnée et déçue, tous deux sont très bons en français, mais en tête-à-tête avec la Ouioui, rien à dire. Reebah et Peter sont en super forme. À part les examens «très, très, très fatigants et diffifiles [*sic*]», c'est la joie.

Jeudi après-midi, en guise d'examen de compréhension orale, j'ai fabriqué des dictées trouées à partir de trois chansons. Il s'agissait pour les élèves de compléter les phrases à partir de ce qu'ils entendaient. J'ai choisi deux chansons d'Elisapie Isaac (du groupe Taïma, expression utilisée couramment, qui veut dire, en français, assez, c'est terminé, passons à autre chose), dont l'une a été écrite par nul autre que Fred Pellerin. Nos deux cultures réunies, pour vrai, le temps de *Silence...* j'étais très émue, je ne pourrai plus jamais écouter cette chanson de la même manière. *Je vais t'amener dans un désert / grand comme la cour / te voir courir à perdre l'horizon. / Y' a plein d'affaires qu'on dira pas / y' en a toujours qu'on dit jamais / pis qu'on dit j'aimais.*

Bon congé les amis! Journées pédagogiques vendredi et lundi, nous nous retrouverons le 4 avril pour trois jours de classe et une journée culture, organisée par les profs inuits, où tout se passera dehors. J'ai hâte, je vais peut-être enfin voir mon premier igloo...

J'ai découvert trois petites perles que j'ai notées dans mon carnet. Dans l'examen de composition, où il était demandé d'écrire une phrase affirmative au passé, Utuqi a écrit: «Toutes les élèves marchent partout avec sa professeure, elle est très contente et dit toujours: "C'est beau, c'est beau."» Je me demande bien de qui elle parlait... Avez-vous remarqué à quel point la féminisation est bien intégrée?

Dans la dictée trouée, extrait de la pièce *Les voyages*, avec la phrase «Moi, j'en ai dansé pour les [*aurores*] boréales en [*février*]», Eva a écrit: «Moi, j'en ai dansé pour les *oranges* boréales en février.» Qalingo de son côté a inscrit: «Moi, j'en ai dansé pour les *orales* boréales en *fait rien*.» Je n'invente rien, j'ai les copies en main. Peuvent bien avoir du talent pour la poésie...

Je ne vous ai jamais parlé du secrétaire réceptionniste qui travaille à l'école. Il s'agit de Jaani. Il a environ 45 à 50 ans, à peu près ma taille, mais il est muni d'une bedaine de Père Noël qui mesure six pieds cinq pouces de circonférence. Comme si cela n'était pas suffisant, il est affublé d'une bosse entre les deux épaules. Jaani a le pas lourd, très lourd, on l'entend venir de loin. Jaani ne prend pas les messages à moins que la personne qui appelle insiste pour en laisser un. Il préfère l'interphone qui communique avec chaque classe de l'école. Alors chaque fois que le téléphone sonne, Jaani fait l'appel à tous avec son accent inuit incomparable (il ne parle pas le français et son anglais est pire que le mien, pauvre Jaani) : « Angela, téléphôn », « Véronic, téléphôn », « Tertiluk, téléphôn ». Au début, c'est difficile de supporter ses fréquentes interventions, mais peu à peu je m'y suis habituée et je m'amuse maintenant à tenter de l'imiter, ce qui connaît un certain succès. Je l'avoue en toute modestie, mon accent s'en vient pas pire.

Des filtres

Eh oui, mesdames et messieurs, je suis maintenant en possession non pas d'un, mais de huit filtres de rechange ! Le colis est arrivée à mon nom, directement de Kuujjuaq mardi. L'humidificateur ronronne davantage, moi, je respire mieux et Papigatuk a recommencé à me sourire (et vice versa).

Vendredi soir Scrabble

Enfin nous nous sommes réunis ! Christiane est arrivée en retard de 20 minutes, le père Dion l'a sermonnée joyeusement, on pouvait commencer, ou recommencer. Dehors il y avait encore des lueurs. Ça se passait chez moi, j'ai ouvert une bouteille, mon premier vin rouge depuis des siècles (bon, j'exagère peut-être un peu, disons depuis trois mois). Ça n'a pas été une grande partie comme on en a déjà connue. Mais quand même, on était ensemble, on blaguait, et on a évoqué un certain soir où il y avait eu un Scrabble spectaculaire en fin de partie, ce n'est pas moi qui en ai parlé, je vous jure.

Et puis j'ai voulu en apprendre plus sur Bernard Saladin d'Englure, l'anthropologue qui a incité Mitiarjuk Nappaaluk, la grand-mère de Qalingo, à rédiger en écriture syllabique son roman documentaire *Sanaaq*, et qui l'a accompagnée dans son important travail. Plus tard, il a décidé de le traduire de l'inuktitut au français. Le père Dion a collaboré à cette traduction. Saladin, un Français d'origine, a fréquenté le Nunavik dès le début des années 1960, et il est professeur à l'Université Laval. Le Père nous a raconté qu'il l'a connu quand il était lui-même à Quartaq.

Une fois, ils étaient allés ensemble sur la banquise, car le Père voulait essayer son fusil après l'avoir nettoyé. Ils découvrent un phoque qui avait perdu son trou. Saladin veut le tuer avec un couteau tandis que le Père veut le tirer au fusil. Finalement, le Père l'abat. Ensuite, ils se rendent compte qu'ils n'ont pas de corde pour le traîner. Ils prennent donc leurs ceintures de pantalon et les mettent bout à bout. Quand ils arrivent au village en tenant d'une main la ceinture et de l'autre leur pantalon, les Inuit les informent que la viande n'est bonne que pour les chiens : la bête est trop maigre! Un bon conteur, le Père. Et qu'est-ce que les Inuit de Quartaq ont dû rigoler ce jour-là.

On a levé notre verre à la chasse aux phoques après avoir affirmé en chœur que Brigitte Bardot est folle et que Paul McCartney aurait mieux fait de donner un concert aux Îles de la Madeleine, au lieu de s'exhiber en photo avec un blanchon. Non mais, qui sont les barbares dans cette histoire? Et c'est pas pour en remettre, mais j'ai toujours pas mangé de phoque cet hiver.

Et puis la conversation a dérivé vers ma découverte de la famille de Qalingo. J'ai demandé au Père: «Mais comment est-ce possible que les petits-fils de cet homme ignorent son savoir, qu'il a lui-même reçu de son père et de son grand-père. Je ne juge pas, je veux comprendre.» Il m'a répondu que le grand-père avait été empêché en quelque sorte de le transmettre à cause des changements qu'a subis sa culture. «Mais il n'y a donc personne dans cette maison pour leur dire: Lève-toi et va chasser, suis ton grand-père.» Le Père m'a expliqué qu'un Inuk fait ce qu'il veut et que personne ne peut avoir sur lui aucune autorité, peu importe son âge. Quelqu'un qui dort, on le laisse dormir, c'est comme ça. Je comprends qu'en fait, ils sont pris entre certains comportements ancrés dans leur culture (respect du sommeil, liberté d'être soi, etc.) et la façon de vivre dans un État moderne (nourriture à volonté sans besoin de chasser et pêcher, maison chauffée, etc.). Je suis perplexe, que va-t-il arriver à cette population? Même le Père n'avait rien à ajouter, et nous avons observé un silence impuissant.

Heureusement Christiane, sur qui le vin faisait un certain effet, nous a ramené dans la légèreté des choses en disant: «Moi en tout cas, je leur fais confiance. Et s'ils dorment au lieu de venir à l'école, eh bien tant mieux pour eux autres. J'aurais bien voulu faire pareil.» *Taïma!*

C'est ainsi que la soirée s'est achevée. On se voit vendredi prochain, veille du départ de Christiane pour le Sud.

La course de chiens

Saviez-vous qu'il existe depuis cinq ans une course de traîneaux à chiens dans le Nunavik?

Vous trouverez une foule d'informations sur le site Internet www.ivakkak.com.

En voici un extrait qui relate l'origine et le but de cette course nommée Ivakkak :

« Ivakkak a vu le jour au Nunavik en 2001 grâce à la Société Makivik, désireuse d'encourager les Nunavimmiuts à reprendre la pratique traditionnelle du traîneau à chiens, presque disparue à la suite de l'abattage quasi systématique de leurs chiens huskys, qui s'est produit dans le Nord du Canada pendant les années 1950 et 1960. Depuis, cette course est devenue un événement annuel très attendu de tous les Nunavimmiuts, et tant les jeunes que les aînés inuits sont heureux d'y assister. L'événement génère même de l'intérêt ailleurs dans le Nord du Canada, ainsi que plus au sud du Québec. [...] Le coup de départ d'Ivakkak 2006 a été donné plus tôt aujourd'hui à Puvirnituq, village campé sur la côte est de la baie d'Hudson, et la course doit se terminer quelque 525 kilomètres plus loin à Kangirsuk, aux abords de la baie d'Ungava, de l'autre côté complètement du Nunavik, entre le 4 et le 7 avril, dépendant des caprices de dame Nature. [...] La Société Makivik a redéfini le règlement de la course qui ne prévoit plus d'étapes minutées avec des arrêts prédéterminés pour la nuit. Le minutage débutera donc lorsque le départ de la course sera lancé, pour ne s'arrêter que lorsque les maîtres d'attelage et leurs fidèles compagnons canins franchiront tour à tour la ligne d'arrivée. De plus, les équipes de chiens de traîneau devront transporter elles-mêmes leurs provisions pour toute la durée du périple et ce, de façon autonome, sans l'aide d'une motoneige de soutien. »

Figurez-vous que le meneur est un Inuk d'ici, Peter Kiatainaq. C'est cet homme dont j'ai décrit le départ avec ses chiens un samedi après-midi. Il allait alors s'entraîner. Il est la fierté du village. Dans la salle des profs, chaque matin depuis le début de la course, les résultats sont affichés et commentés vivement par le personnel inuit. Véronic m'a raconté que l'arrivée de la course s'est déroulée ici il y a quelques années, et que c'était la folie furieuse.

Un souper délicieux

Samedi soir j'ai mangé du caribou. Christiane en a reçu un gros morceau qu'elle a eu la générosité de répartir. J'ai donc profité de cette exquise viande rouge pas *shootée*, pas stressée, pas trimballée n'importe comment. Un animal, la toundra, un chasseur, le partage, et moi devant mon assiette. Reconnaissante, tout simplement. Respectueuse de mon environnement.

La lumière

Qu'en dire? La lumière est un miracle. En janvier, le soleil se montrait à peine derrière la montagne en face de ma classe, il restait un tout petit peu et disparaissait très tôt. Hier je l'ai vu surgir derrière la montagne de l'aéroport, pas mal plus à l'est qu'en janvier, il est monté bien haut dans le bleu du jour et s'est couché dans la baie, très loin de la montagne où il s'est évanoui discrètement, vers 14 h 30, il y a de cela à peine quelques semaines. Tous ces changements sont si intenses, ils n'ont rien à voir avec l'arrivée de la lumière au Sud. C'est presque violent tellement les variations sont rapides. Et l'horloge, qui a fait un bond en avant la nuit dernière, oh là là. Voici le classement de la course à la lumière. Je vais peut-être arrêter d'en parler, ça devient gênant pour vous autres... Surtout pour Montréal, les pauvres.

La littérature

J'ai recommencé à lire, pour vrai, je dirais. J'ai eu un début de sevrage forcé après avoir lu tous les livres dont j'avais souhaité la lecture ou la relecture (qui est un plaisir au moins aussi grand en ce qui concerne certaines œuvres). J'ai regardé ensuite la tablette des «non lus» avec suspicion. Vous savez, ces livres qu'on voudrait lire depuis longtemps et qu'on n'arrive pourtant pas à ouvrir. C'est une relation tendue par l'ambition d'en finir avec eux et le désir de repousser leur lecture, de les attendre encore. Et parallèlement, il y a l'indifférence qui nous fait hausser les épaules et dire, au bout du compte: Ah non, pas celui-là, pas maintenant. Toutefois, l'urgence de ma situation ne m'a pas permis de tergiverser bien longtemps. Et j'ai fait deux magnifiques découvertes: *Agaguk* de Yves Thériault et *Le vieil homme et la mer* d'Ernest Hemingway.

Et puis des livres sont arrivés du Sud, et j'ai pu me plonger cette semaine dans ceux dont je désirais presque amoureusement la présence. Je me déplace donc depuis quelques jours dans les romans de Paul Auster, imaginez j'en ai quatre! Je traverse les États-Unis, j'habite à New York, bref c'est le dépaysement total et savoureux, les retrouvailles avec l'écrivain de l'intime, de l'identité revisitée, l'écrivain obsédé par le temps. Ici, j'ai une telle faculté de concentration, une telle présence aux livres que les parcourir devient un véritable banquet pour l'esprit, une ripaille incroyable pour célébrer le plaisir de déguster la littérature. Et tant pis pour les métaphores et les clichés. Un petit sourire. Clic. Cette longue digression pour vous dire que lire dans le Nord, c'est pas pareil.

Voici, pour conclure, un extrait de *Moon Palace* où le narrateur décrit la géographie de l'Utah, qui m'a semblé étrangement pareille à mon environnement actuel :

> [...] je m'apercevais aussi que l'immensité, le vide de ce pays avaient commencé à affecter ma notion du temps. Le présent paraissait devenu sans conséquence, les minutes et les heures trop infimes pour être mesurées en ce lieu, et du moment que l'on ouvrait les yeux au spectacle environnant, on était obligé de penser en termes de siècles, de réaliser qu'un millier d'années ne compte pas plus qu'un battement d'horloge.

Ça fait des semaines que j'essaie de vous dire cela, de vous transmettre cette impression vertigineuse, et que je trouve enfin ces paroles qui décrivent avec précision mon sentiment ! Merci, Paul Auster.

Alors, voilà pour cette semaine. J'écoute *Into the Labyrinth* de Dead Can Dance, je trouve que cette musique convient très bien à mon état d'esprit de ce matin. Tout est tranquille dans les rues que je peux apercevoir des fenêtres de la classe. On dirait que tout le monde dort encore. C'est peut-être le cas.

Je vous souhaite une belle semaine. De mon côté elle sera bien remplie avec les corrections, les bulletins, la rencontre des parents et tous les imprévus qui ne manqueront pas de colorer les jours.

Je vous embrasse, au plaisir de vous lire à mon tour,

Nadia

14

LIEU KANGIQSUJUAQ

DATE DIMANCHE 9 AVRIL 2006

OBJET **Printemps précoce
et rayons tardifs...**

*Être présent, c'est se cacher et en même temps
être éclairé.
À pareille situation convient la pudeur.*

Heidegger
(dans *Sauvages*, de Louis Hamelin)

La classe

TOUT LE MONDE ÉTAIT EN FORME mais, à dire vrai, on n'a pas fait grand-chose durant cette petite semaine de trois jours. On s'est amusé surtout. À ma grande surprise, les enfants ont été séduits par la troisième chanson des dictées trouées (de l'examen) dont voici les inoubliables paroles: « *Proutt proutt proutt que je t'aime, viens ici mon petit ami, j'ai un secret à te dire dans l'oreille, que je t'aimerai toujours à la folie.* » Je les entendais chanter dehors, dans les corridors. À chaque fois je riais, étonnée de leur préférence et de leurs belles voix claires. C'est Simone qui aimerait les entendre. C'est elle qui m'a montré cette chanson. Le dernier matin, on faisait du bricolage en écoutant de la musique, et personne ne voulait sortir pour aller à la récréation. Coudonc. On a fini la semaine mollo, par un bingo sur l'alimentation. J'avais des petits prix, du jus de raisins, des guimauves, la grosse vie. Et on s'est dit: « À bientôt! »

La rencontre de parents

C'était jeudi soir, entre 18 heures et 20 heures. Rassurez-vous, je ne vais pas tout vous raconter en détail. Je vous dirai tout de même que j'ai rencontré la grand-mère de Noah, le père de Joanesie, la mère de Peter, le grand-père d'Elaisa et la mère de Qalingo. Celle-ci refuse que Qalingo aille au secondaire si ses notes ne s'améliorent pas à la prochaine étape. Pour ma part j'hésitais depuis plusieurs semaines, j'avais fini par conclure qu'il était préférable pour lui et son estime de soi qu'il reste avec ses compagnons, mais sa mère a analysé les choses autrement, ce que je comprends très bien. Ce qui me fend le cœur (non, mais, quelle image forte!), c'est que Qalingo a tout pour réussir à l'école, mais qu'il n'est pas intéressé. Qui pourrait le lui reprocher me direz-vous? Sa mère, d'après ce que j'ai pu voir. Quant à Johny (prononcez Yanni), c'est un traducteur fort timide. Il a visiblement fait des efforts immenses pour se pointer à cette rencontre et jouer son rôle d'interprète. En réalité, Betsy est meilleure que lui. Alors j'ai sorti mon anglais qui s'améliore, d'après les parents qui le parlent.

À chacun des visiteurs, j'ai montré le livre *Ma journée parfaite*, écrit et illustré par leur progéniture. C'est le pont que j'ai trouvé pour qu'on se rejoigne, j'étais plutôt contente d'y avoir pensé. Ils et elles regardaient les dessins, promenaient un doigt sur les détails: un chien, un inuksuk, un avion. Leurs regards étaient brillants, émus. Ils poussaient des soupirs émerveillés en regardant les lettres tracées avec soin. Le grand-papa d'Elaisa n'arrivait plus à lever les yeux vers moi tellement il était surpris, remué en découvrant le dessin le représentant avec sa petite-fille à la chasse au caribou. Et quand il a reconnu leur maison il s'est essuyé les yeux. Je suis demeurée silencieuse, attentive à le laisser prendre le temps de voir sa petite-fille autrement. Je réalisais que l'importance qu'accorde Elaisa à leur relation est réciproque. Le père de Joanesie a appris que celui-ci rêve d'être pilote d'avion. J'ai montré la photo de ma grand-maman à la grand-mère de Noah : «On a eu des vies bien différentes», a-t-elle dit spontanément. Johny traduisait. Je lui ai dit que mon *ananatsia* à moi avait eu 11 enfants. Alors elle a regardé la photo de plus près. Je me suis rappelé ensuite qu'elle n'a jamais pu avoir d'enfants. Les siens sont tous adoptés.

Bon, j'avais dit : pas tous les détails.

La lumière

J'ai découvert pourquoi les saisons fonctionnent de cette manière au Nord. C'est à cause de l'intensité de la lumière au printemps et à l'été. Pour l'équilibrer, il faut la nuit de l'automne et de l'hiver. Sinon on éclaterait de rayons lumineux. Depuis le début de l'équinoxe, la lumière est vive, drue, j'irais jusqu'à dire dure. C'est pas pour rien que les Inuit ont les yeux bridés : la clarté est si puissante. On *sent* le soleil se rapprocher du toit de la maison où nous nous trouvons. Même un jour gris, couvert, irradie. C'est fort, je vous dis. Les montagnes deviennent plus foncées, la neige fond déjà, c'est beaucoup trop tôt pour avoir une température si clémente. D'un côté ça se prend bien, mais d'un autre, le spectre du réchauffement de la planète plane avec tous les effets dévastateurs que cela suppose sur les traditions de chasse, de pêche et la disparition prochaine des ours polaires, par exemple. D'après le père Dion, on a un mois d'avance. Ce climat est celui du début de mai. Et Kulutu m'a affirmé que le soleil est de plus en plus chaud à mesure que les années passent. Pendant ce temps, à la fin de mars, les Inuit sont dehors en t-shirt le midi. À quand les terrasses ?

La fin de la course Ivakkak

Eh oui, les deux coureurs du village ont gagné la course. Ils ont parcouru cette incroyable traversée du Nunavik, de la côte d'Hudson à la côte d'Ungava, par les terres, en 5 jours, 7 heures, 21 minutes et 48 secondes, avec une confortable avance sur la deuxième équipe, qui est arrivée presque 6 heures plus tard. Ils ont accompli l'exploit sans GPS, seuls dans l'incommensurable toundra. J'ai vraiment beaucoup d'admiration pour leur performance. Peut-être parce que je comprends maintenant dans quelles conditions ils accomplissent la besogne et que j'ai vu leurs bêtes, je comprends (enfin, j'ai une petite idée de) tout le travail, les connaissances, la ténacité et la force de caractère que cela exige.

Avec un scénario semblable à celui de l'accueil des gagnants de la coupe Ungava au hockey, tout le monde s'est pointé à l'aéroport. (Et ce n'est pas tout, figurez-vous que les femmes ont aussi gagné la coupe Ungava au hockey féminin ! Elles sont revenues lundi dernier, jour pédagogique, c'est pour ça que je ne l'ai pas appris tout de suite.)

Matin de printemps ensoleillé, 6 °C au-dessus de zéro, vous avez bien lu. Cette fois j'y suis allée en autobus aller-retour. Un gros avion d'Air Inuit a atterri vers 10 h 45. Le premier passager à débarquer de l'avion a été le chien de tête. Ensuite les deux champions. Ils étaient loin de la foule parce que celle-ci ne pouvait aller sur la piste. Ils se sont approchés et enfin ç'a été les accolades, les poignées de main, plein de gens se pressaient autour des deux héros et de la coupe plaquée or. Les gens étaient étonnamment silencieux, c'était une foule émue, s'exprimant par un silence respectueux. Même les enfants jouaient sans bruit. Tout le monde souriait, des vieilles pleuraient d'émotion. Les deux héros semblaient heureux mais aussi très calmes. Tout à coup, quelqu'un a crié très fort « Hip! Hip! Hip! Hourra! » Et alors seulement, les gens ont laissé déborder leur exubérance, ont crié en chœur et se sont remis à parler, à rire plus fort. Comme une chaleur dans l'atmosphère. En plus, il faisait vraiment *chaud*. Surréel.

Du gros avion, les chiens débarquaient les uns après les autres quand des préposés ouvraient la porte grillagée de leur cage en bois. Les huskys bondissaient directement sur la piste, le groupe grossissant à vue d'œil; j'en ai compté 15. On aurait dit des bruants au sol. Ils couraient (volaient) partout, apparemment dans le désordre, mais si l'un tournait à gauche, les autres le suivaient tout de suite. Une chorégraphie gracieuse de bêtes magnifiques. Ensuite, le champion meneur de chiens, Peter Kiatainaq, est allé chercher le traîneau avec des membres de l'équipe de soutien et son partenaire Peter Qissiq jr. La foule a encore applaudi. Les deux sont montés sur le traîneau avec la coupe, soulevés par des hommes heureux de prendre part à cet hommage. Peter et Peter ont levé leur trophée en l'air, les gens criaient fort, les deux valeureux souriaient, ils se sont regardés, complices, ayant l'air de se dire: Mission accomplie! Le chef n'a pas plus de 35-40 ans, la peau de son visage est brûlée par endroits, son partenaire a environ 18 ans. Lui, sa main droite porte quelques bandages. Les deux sont très beaux. Pas grands, mais costauds.

Et moi? Moi, j'étais au milieu de cette scène irréelle, les yeux embués, vibrante de joie, sacrément heureuse d'être là et de pouvoir sentir ce courant d'amour et de fierté passer entre les Inuit. Je prenais des photos et en même temps je me sentais transparente, traversée par l'émotion.

Ensuite, c'était fini. Retour dans les *pick up*, l'autobus scolaire, on embarque les bagages, et les chiens rentrent seuls au village, en courant ensemble dans la montagne. Peter Qissiq jr. grimpe dans la boîte d'un *pick up* de Kativik, suivi de Reebah. Les deux s'assoient côte à côte sur le côté. Le dossard blanc no 2 et cette chère Reebah, que j'imaginais absolument heureuse. Dans ma tête, une image gravée pour longtemps.

Une journée culture qui dure deux heures...
Vendredi à 11 h 30, on est parti en autobus sur le chemin de l'aéroport, pour l'endroit où devait avoir lieu la journée organisée par les profs inuits. Arrivés sur place, nous découvrons deux igloos dont le toit s'est effondré à cause du temps trop doux. Dans un des deux igloos à ciel ouvert, la banique avec Minnie et Kulutu, dans l'autre il y a des peaux de caribou, de phoque et d'ours polaire, et, comme activité centrale, le dépeçage d'un renard avec Mark. Entre les deux, Lukassie arrangeait de l'omble chevalier (*Arctic charr*) et du caribou crus qu'il distribuait à tous ceux et celles qui s'approchaient, évidemment je me suis approchée. J'ai donc mangé de l'omble à pleine bouchée, j'ai trouvé que ça goûtait un peu le saumon fumé. Le caribou est vraiment délicieux, j'ai eu de la cuisse et aussi la moelle. Les deux viandes étaient gelées, mais coupées en petits et moyens morceaux, qui dégelaient vite. Et puis j'ai également mangé du gras de béluga. Ça sent le fromage bleu, ça roule dans la bouche, le goût est très fort. Lukassie m'a coupé un morceau de caribou en me disant que le gras de béluga est meilleur mélangé avec une autre viande. Il m'a expliqué qu'il mettait le gras dans un contenant qu'il recouvrait seulement

d'une planche pour laisser passer l'air. Il enterre le contenant environ un mois. Il en vérifie régulièrement le contenu, pour savoir s'il est prêt. Alors, il découpe le morceau en tranches pour le manger. Il m'a révélé que ses fils préfèrent les *pizza-pockets*. C'est comme ça.

Je n'ai pas goûté de viande de béluga, ce qui paraît être la viande par excellence à déguster. Lukassie m'a expliqué que le village a droit à 15 bélugas par année. Et que cette quantité est répartie dans chaque famille. J'en déduis qu'on garde cet aliment pour les grands jours. Tous en mangent mais pas le premier visiteur qui passe.

J'ai aussi entendu les fameux chants de gorge qu'exécutaient des femmes, mais aussi Jimmy, le prof d'éducation physique inuk, que tous les enfants du village adorent. Il était vêtu d'un manteau au capuchon bordé de fourrure de renard, chaussé de ses mocassins et il portait de ses mitaines en peau de phoque. Il portait également des lunettes de soleil orange et bleu. Il était magnifique. Il a chanté avec les femmes en sautillant légèrement sur place. En souriant tout le temps, tout le temps. J'ai mieux compris pourquoi les enfants l'aiment autant.

Les enfants mangeaient du caribou et des chips. Betsy, Noah, Utuqi et Eva étaient là. Betsy et Noah ne restaient jamais bien loin de moi, c'était chouette. Betsy n'a jamais dormi dans un igloo, Noah non plus. Et puis, le bus est venu nous reprendre et c'était déjà fini. J'étais à la maison à 13 h 30, le ventre plein, les yeux plissés malgré le gris du jour. Les profs étaient là, mais plusieurs étant venus en motoneige, je ne sais pas trop si la journée ne s'est pas prolongée après notre départ.

En fait, je suis partagée sur cet événement un peu curieux. D'un côté, je suis très contente d'avoir goûté aux viandes et à la banique, d'avoir pu entendre la tradition jaillir des gorges, d'avoir observé la forme de l'igloo, les outils d'un temps pas si ancien; mais de l'autre côté, tout avait l'air un peu plaqué, loin de la réalité. Comme si cette journée culture avait surtout intéressé les *qallunaq* (non-Inuit) et autres Ouiouis, instruits par une vague démonstration de ce qui avait été *avant*. Je ne veux pas gémir sur la perte d'une culture; l'affreux de l'affaire, ce serait analyser la situation sans finesse. Moi non plus je n'ai pas appris à préparer certains mets traditionnels que ma mère, ma grand-mère et mon arrière-grand-mère savaient cuisiner avant d'avoir 14 ans; je ne sais toujours pas faire la différence entre un sapin et une épinette autrement qu'en théorie. Un certain savoir se perd inévitablement, mais je pense que la culture se transmet tout de même, avec d'autres visages.

Quelque chose m'a gênée dans ces installations éphémères, loin du village, écartées de la communauté actuelle. J'ai trouvé que ça ressemblait à un truc pour touristes, bien organisé et tout, mais un peu vide de sens, un peu triste. C'était comme si les Inuit que je côtoie chaque jour, complètement différents de moi, riches de leur singularité, qui m'apprennent beaucoup par leurs attitudes, leurs gestes, s'étaient tout à coup déguisés en disant: «Voilà qui j'ai été, qui je ne serai plus.» Quelque chose ne collait pas. Tous m'ont semblé si soulagés d'enlever leur costume, de remballer le matériel et de repartir vers la maison que ça paraissait louche. Enfin, j'ai bien mangé, bien observé, bien remercié: *nakurmik*. En tout cas, j'ai fait de mon mieux.

Une minisortie pour un *party* de prof

Cette semaine, il devenait gênant de refuser une énième fois une invitation des collègues. Julie, ma voisine de classe, est venue m'inviter à un souper sushis. J'ai dit que je passerais faire un tour, ce que j'ai fait. Heureusement pour moi, elle a deux beaux chats noirs auxquels je suis allergique. Ma visite fût donc brève, mais cordiale. J'ai jasé avec Pierre, mais je ne suis tellement pas bonne dans ces rencontres, je ne sais pas quoi dire à qui, je ne sais pas me taire avec légèreté, je suis mal à l'aise, quoi. On a parlé d'adoption, je voulais en savoir plus, car je me suis rendu compte, par les commentaires des enfants et des autres profs, que c'est une pratique courante chez les Inuit. On prétend qu'au Nunavik un enfant sur trois est adopté. Ce qui m'étonne le plus, c'est que les enfants sont adoptés par des membres de la famille proche dans la grande majorité des cas. Enfin, quand les yeux ont commencé à me piquer, j'ai salué Julie, l'ai remerciée chaleureusement et suis repartie, soulagée.

Une tradition qui se poursuit...

L'hospitalité des Inuit fait partie de leur culture. En effet, quand quelqu'un se présentait jadis dans un igloo ou à un campement, on était sûr de deux choses: qu'il arrivait de loin et qu'il aurait faim. Et puis, c'est une hospitalité qui n'était pas préparée, au sens où les gens n'avertissaient pas de leur arrivée. On les prenait quand ils se présentaient, on se tassait un peu dans la tente ou l'igloo, on divisait autrement la nourriture disponible et on offrait le thé, même s'il n'en restait pas beaucoup. Pas plus compliqué que ça. On dirait d'ailleurs que c'est encore comme ça. Pierre (le prof marié à l'Inuk Jessica) est ici depuis 25 ans. Il m'en a raconté une bonne à ce sujet, justement au party sushis. Le midi précédent, Betsy du Centre Pingaluit arrive chez eux un peu paniquée. «Pierre, j'ai oublié de t'en parler, il y a un anthropologue qui va venir pour trois mois, pour ses recherches. Est-ce qu'il pourrait habiter chez vous? — Oui, bien entendu, quand est-ce qu'il arrive? — Cet après-midi, par l'avion de 16 heures.»

Alors il y a un pensionnaire chez Pierre et Jessica pour trois mois et ils l'ont appris trois heures avant qu'il arrive! Moi, je n'en revenais pas, pour Pierre c'était juste drôle. Pour Jessica c'était normal.

Scrabble

Il a encore lieu chez nous. Christiane a une coloc et Sophie ne s'intéresse pas tellement à nos soirées. Alors, c'est plus délicat d'envahir leur appartement. Et puis j'ai laissé le choix au Père: chez lui ou chez moi. Il a choisi. C'était bien, encore une fois. J'ai gagné les deux parties, ça devient une habitude.

Aucune socio-anthropo-ethnologie, que de la niaiso-logie. Le Père avait le fou rire, pas le choix de lui emboîter le pas. Il tousse pas mal creux je trouve. Il a une grosse semaine d'ouvrage qui l'attend: la semaine avant Pâques, y a des messes en masse. Christiane elle, essayait de prendre ça relax, même si le départ pour le Sud risque fort d'être retardé à cause de la météo. Quand t'as seulement une semaine, perdre un jour ou deux change les vacances... Mais le Grand Nord, il ne faut jamais l'oublier, *c'est comme ça*. Malgré toutes les technologies inimaginables qui se rendent jusqu'ici, le jour où il ne fait pas beau, on ne bouge pas, c'est tout. Comme le dirait le père Dion, se frapper la tête sur les murs n'y changera rien, excepté que vous aurez une grosse bosse.

Il nous a raconté une anecdote cocasse à propos de cette météo qui peut devenir difficile à accepter dans certains cas. Il y a de cela plusieurs années (on n'avait pas encore le téléphone), un journaliste du *Soleil* est venu en reportage quelques jours. Il devait repartir le mercredi, car il se mariait le samedi suivant. Mercredi, pas de vol. Jeudi non plus. Le journaliste commençait à être pas mal nerveux. Le Père, pour le rassurer, lui disait : « Ne vous en faites donc pas, si ça se trouve, elle en prendra un autre et le mariage aura lieu quand même. » Cher Père coquin. Le journaliste est arrivé à Québec le vendredi soir. Fiou. Et pour la petite histoire, les profs ont réussi à partir le samedi matin comme prévu. Re-fiou.

Il a eu 78 ans le 4 avril dernier, le Père. Je suis allée lui porter une tablette de chocolat noir (il en avait mangé chez moi et avait beaucoup aimé) et un morceau de pain aux bananes que j'avais préparé pour les jeunesses. J'étais la première personne à lui souhaiter bon anniversaire et la journée était presque finie. Il m'a dit : « Oh vous savez, j'en ai eu tellement, maintenant je ne pense plus à cela. » Il a eu l'air quand même content de mon attention. Je n'en demandais pas tant.

En vacances...

La semaine prochaine en vacances. Une phrase sans verbe. Oh le beau programme, une semaine sans action. Cela implique, vous l'aurez deviné, un dimanche sans chronique. Des vacances, je vous dis. J'en ai bien besoin. Depuis le 21 décembre, où j'ai appris que je partais, je n'ai pas pris de congé.

On se retrouvera donc le 23 avril. En attendant, je me reposerai non pas sur mes lauriers, mais dans mes lunettes de soleil, à chantonner *Je suis farniente* avec Charlotte Rampling, à regarder des films, à lire, à danser sur *Andalucia* de Pink Martini, à me faire des bonnes bouffes et, oui, à boire du vin. En tout cas, c'est ce que j'ai fait hier soir.

Pour dessert j'ai préparé mon irrésistible tarte aux framboises avec croûte All Bran, miel et beurre. Et j'ai mis 37 chandelles dessus. Ça commence bien des vacances au bout du monde, un petit feu de joie. Surtout avec les cartes, les cadeaux et les courriels que j'ai reçus. Dans l'abondance d'un bonheur presque solennel. Avoir 37 ans si loin, mais au plus près de moi, et de vous. Être cachée et éclairée ; être présente.

Bon dimanche, à bientôt,

Nadia

15 LIEU KANGIQSUJUAQ

DATE DIMANCHE 23 AVRIL 2006

OBJET **Printemps boréal**

La classe, la vie, un électrochoc de cultures

DIX-NEUF AVRIL, après 13 jours sans classe, j'ouvre les yeux à 6 heures. Ma première pensée va vers mes Inuit préférés. Seront-ils en forme? Ce matin-là, comme c'est un mercredi, je me dirige aux petits-déjeuners où je travaille encore trois fois par semaine avec Lucie. Il vente très fort, on dirait que l'hiver est revenu. Contrairement à leur habitude, peu d'enfants se pointent pour manger, c'est vrai que ça souffle pas mal dehors... Effectivement, Thomas vient nous annoncer qu'il n'y aura pas d'école le matin et que c'est à voir pour l'après-midi. Tout un retour en classe! Finalement, pas d'école l'après-midi non plus.

Jeudi matin, finalement on y est. En tout cas Noah, Utuqi, Joanesie et moi y sommes... Les autres arrivent peu à peu, encore endormis. Les enfants sont vraiment au ralenti, de mauvaise humeur et, bien entendu, ne parlent qu'en inuktitut. Je me doutais bien que mes Inuit préférés ne seraient pas pleins d'envie d'apprendre, avides de parfaire leur français, désireux de se mettre au travail. Mais quand même, être à la limite de la politesse, être exaspérés parce qu'il faut simplement remplir une feuille, être marabout de répondre à des questions faciles, je trouvais que c'était un peu trop pour moi. Alors j'ai séparé les bureaux, haussé le ton et leur ai dit que s'ils ne voulaient pas travailler, ils n'avaient qu'à prendre la porte. Par miracle, le message est passé... pour un gros 20 minutes. Tous se sont ressaisis et ont fini par se mettre au boulot. Qalingo trouvait les réponses tout seul, Betsy a fini la première, Reebah s'est concentrée, Joanesie cherchait dans le dictionnaire, Utuqi n'avait presque pas de fautes, Noah a travaillé en silence et Peter, ben Peter a continué d'être Peter — nonchalant, drôle et très, très fatigué, faut comprendre...

Elaisa n'était pas là ni jeudi ni vendredi, elle a une grosse grippe. Et Eva non plus. Eva, mon plus gros choc émotif de la semaine. J'ai appris mardi qu'elle habite maintenant à Kangirsuk. Ses parents se sont tellement chicanés qu'ils ont décidé de se séparer. La mère est repartie vivre dans sa famille en amenant Eva avec elle. Comme ça. Pour Eva, ça doit être terrible de devoir s'intégrer à un groupe nouveau à l'approche de la fin de l'année. Et ne venez pas me dire, que peut-être c'est mieux pour elle. Mon œil. Ses parents auraient pu lui laisser terminer son année scolaire, franchement, à quoi ils ont pensé? J'espère qu'un jour les enfants malmenés vont se révolter. Et, d'une manière plus égoïste, je suis très attristée de ne pas avoir pu lui dire au revoir. Je l'ai vue probablement le jour de son départ, le matin vers 9 h 30; je prenais une marche et je l'ai aperçue qui entrait dans une maison, je lui ai crié: «Salut Eva!» Elle m'a à peine saluée, contrairement à son habitude de m'envoyer la main en me faisant son lumineux sourire. Je m'étais dit: il doit être trop tôt pour elle, elle dort encore, je vais la taquiner quand je la reverrai. Je n'y étais pas du tout, mais pas du tout. Tendre Eva silencieuse, avec des ailes splendides, qui ne sait pas encore qu'elle peut voler. C'est une situation tellement injuste pour elle! Ces circonstances pénibles ne sont pas l'apanage du Nord, c'est certain. Mais moi c'est ici que je les vois, c'est ici que je dois les supporter. Et mon impuissance me bouleverse, encore une fois. Comment ont réagi les élèves? Quand j'ai abordé le sujet, croyez-le ou non, Peter, Reebah, Betsy et Utuqi ont applaudi. C'est l'acte le plus méchant que je les ai vus faire. Ces enfants vont à l'école ensemble depuis l'âge de cinq ans. J'ai trouvé leur cruauté à l'égard d'Eva, gratuite et vraiment difficile à prendre. Du coup, je me dis qu'effectivement, Eva sera peut-être mieux là-bas.

Vendredi, ç'a recommencé. Les retards, l'insolence (les élèves me répondent par monosyllabes en rugissant, exaspérés, à chacune de mes tentatives pour établir la communication; ils se parlent en inuktitut) et le refus de travailler (devant un exercice, ils disent «je ne veux pas», tout simplement): voilà l'attitude générale.

L'avant-midi m'a paru interminable; plus le temps passait, plus ma colère montait. À midi je suis allée voir Véronic et sans prévenir, mes larmes ont fusé. Des larmes de rage, d'exaspération, de «plein le dos du Nord». Ça s'est vite calmé, je pense que j'étais plus surprise que Véronic de cette poussée d'émotions vives. On a parlé doucement et comme d'habitude, j'avais une stratégie à proposer. Annie (la femme de Mark, la conseillère inuite des profs) va venir en classe lundi matin et leur parler. Vont être contents, ce sera en inuktitut que la mise au point va se dérouler.

C'est simple et ennuyant, penserez-vous. Mais je suis devenue tellement furieuse contre les élèves, j'ai senti un tel mépris de mon travail et de ma *race* que je ne peux accepter de recommencer comme en janvier. Et je tiens à ce qu'une Inuk vienne mettre les choses au clair.

Ç'a l'air enfantin, je sais. Mais j'en suis là. Je n'ai pas 20 ans d'expérience en enseignement, je ne suis pas une missionnaire, je n'en ai ni l'âme ni la patience. Et j'aimerais bien continuer de trouver mes journées enrichissantes, fabuleuses et stimulantes.

Je vous avoue que ç'a été la pire semaine avec les élèves depuis mon arrivée. Et elle n'a duré que deux jours! Mais je commence à être lasse et fatiguée du combat perpétuel autour des apprentissages. Qu'est-ce qu'ils veulent de moi? N'ont-ils pas compris que s'ils mettent juste un peu le cœur à l'ouvrage, nous aurons beaucoup de plaisir? J'ai l'impression que la plupart ont tellement aimé la garderie qu'ils voudraient encore y être. J'arrive mal à comprendre (pour la majorité en tout cas) leur refus quasi systématique de découvrir des nouvelles choses, leur absence totale de curiosité peu importe le sujet et l'approche: géographie, horticulture, alimentation; et, bien entendu, les matières traditionnelles comme les maths et le français. Quel gaspillage d'intelligence! C'est peut-être moi qui manque tellement de talent que je leur ôte toute envie d'apprendre. En tout cas, c'est une situation qui s'étire et qui m'use lentement. Rassurez-vous, je garde ma bonne humeur, mais je ne ferai pas ma vie d'enseignante auprès des Inuit, ça me semble de plus en plus clair. Il doit y avoir, dans le monde, des enfants qui ont envie d'apprendre le français, non?

Ces élèves ont touché quelque chose de très sensible en moi. Je ne peux pas supporter le mépris. Quand il touchait Eva, j'essayais de la défendre, mais je savais bien que de prendre sa défense revenait à lui rendre la vie plus dure en dehors de l'école. Mais le mépris envers moi, je peux y réagir et j'y réagis fortement. C'est leur culture, me direz-vous, et c'est vrai. Ils sont comme ça, même les adultes; ces enfants n'ont pas appris ces comportements chez le voisin (ou plutôt si, ça a pu arriver). Le père Dion m'a confirmé mon analyse. Si quelqu'un est faible, différent, ils se groupent autour et le lâchent quand il est à terre. Et repartent sans regarder en arrière. Mais moi, je ne suis pas comme ça et je refuse qu'on le soit avec moi.

Faut dire aussi que je suis blessée par leur attitude. Comme si nous n'avions rien construit depuis janvier. Comme si aucun lien ne s'était établi. Il me faut reprendre à zéro, vivre l'instant présent et faire semblant de ne pas être touchée, de rire avec eux. C'est beaucoup me demander à cette étape de l'expérience. C'est comme si je n'arrivais plus à prendre de recul. Baptême.

Néanmoins, je vais le faire. Lundi, après la mise au point, je vais recommencer à faire ce qu'il faut, à rire quand c'est drôle et ne pas leur laisser voir mon désarroi. Le père Dion m'a répété ce conseil vendredi soir. Néanmoins quelque chose en moi se détache, s'éloigne de ces êtres qui peuvent devenir des hyènes. Dure, dure semaine, je vous dis. D'une certaine manière, pour la première fois depuis mon arrivée, je peux affirmer: j'en ai assez du Nord et de ses montagnes rustres. J'ai découvert un aspect de mes Inuit préférés que je me sens incapable d'accepter. *C'est comme ça.* Ma découverte n'altère en rien l'amour que je leur porte, mais elle le nuance, le griffe un peu.

Mais heureusement, tout n'est pas noir. Nous avons planté des graines de légumes envoyées par ma mère, Danielle. Des pois, des radis et autres choses mystérieuses. Les enfants ont écrit leur nom et la date sur les pots, j'ai pris des photos, on va voir ce que ça va donner.

Noah est en grande forme et il n'a pas applaudi au départ d'Eva. Pendant ces deux jours, il riait. Quand j'ai fait goûter le sirop d'érable aux élèves, certaine de leur faire un plaisir immense, ils n'ont pas aimé. C'est un sucre auquel ils ne sont pas habitués (rien à voir avec les cochonneries qu'ils consomment, ça c'est certain). Je leur disais : «Ouvrez des fenêtres dans votre tête, essayez des choses, goûtez!» Noah a ri et il a fait un geste au-dessus de sa tête en disant, les yeux brillants : «Ouvrez des fenêtres dans votre tête!» Je pense qu'il a aimé l'image.

Qalingo, entre quatre phrases en inuktitut, trois siestes sur son pupitre et deux retards, a travaillé sur ses tests et a fait ses devoirs jeudi soir. Je pense que sa mère lui a parlé. Il m'a appris quelque chose de nouveau à propos des Inuit : ils bronzent au soleil! J'ai su par sa mère qu'il est allé à la chasse avec son grand-père. Il est revenu tout brun! Qalingo est vraiment mignon. J'ai appris également par sa maman qu'il a été adopté. Il est né à Puvurnituq. C'est pour ça qu'il ne ressemble pas à sa sœur. Tout finit par s'expliquer. Suffit de tendre l'oreille du cœur.

Utuqi me semble encore partagée entre son désir d'apprendre, de travailler en classe, de réussir, et l'envie de rigoler avec le groupe. Ça doit être difficile pour elle, car elle me semble vraiment déchirée. Cette semaine elle a choisi le groupe, mais elle m'a à peine parlé. Quand je lui posais des questions, elle répondait «je ne sais pas» en riant. Mais j'ai bien vu qu'elle n'était pas très à l'aise dans cette situation. Elle est allée à Salluit pendant les vacances. Ce n'est pas elle qui me l'a dit, c'est sa mère Hanna.

Joanesie, Peter, Betsy et cette inimitable Reebah étaient en forme, tissés très serrés. Julie, la prof que je remplace, a eu son bébé jeudi soir. Les élèves ont fabriqué des cartes, écrit des mots. Betsy a précisé: «Je suis fâchée avec Nadia.» Reebah a écrit: «Toi venir au magasin avec ton bébé pour donner à moi un cadeau. Je mens nuit.»

J'ai beaucoup de respect et d'admiration pour les gens qui enseignent ici. Ce sont vraiment des êtres passionnés, endurants, remplis d'abnégation, ce que je ne possède pas suffisamment je crois. C'est comme ça.

Les vacances...

Formidables. Fantastiques. Fabuleuses. Courtes, beaucoup trop courtes. Il a fait beau, j'ai eu mon premier coup de soleil en marchant sur la banquise immaculée. J'ai cuisiné, dormi, lu, chanté. J'ai pris de belles et longues marches au ralenti, émerveillée par la beauté unique du Nord au printemps.

Je suis allée à la messe, voir le Père *sur la job*. C'était chouette, les chants en inuktitut, le sermon du Père, auquel je ne comprenais rien, mais que je trouvais bon d'entendre. J'étais bien dans la petite chapelle simple où le bruit de la fournaise enterre les prières, où la grand-mère de Noah a son coussin pour ses genoux, où les enfants sont plus nombreux que les adultes, bien rares (trois adultes, six enfants et moi). Je pense que le Père a déjà connu un plus grand succès. Les évangélistes sont davantage populaires, on dirait bien. Fabien, l'anthropologue avec qui j'ai fait connaissance, m'a dit qu'il avait assisté à un office et que c'était vraiment plus spectaculaire. Ils avaient reçu de la terre sacrée d'Israël, et les gens s'en mettait partout sur le corps (enfin, là où ils avaient mal) en chantant, en pleurant, en invoquant Dieu, stimulés par les prières de la pasteure en délire (qui n'était nulle autre qu'Annie Tertiluk, la femme de Mark, le directeur adjoint). Fabien m'a dit avoir été impressionné par leur ferveur, mais avoir préféré la simplicité de la messe du père Dion.

Le dernier après-midi des vacances, j'ai assisté à des jeux sur la banquise. J'ai croisé Reebah qui m'a invitée à joindre un groupe d'environ 60 personnes. Des courses de motoneige pour les gars, et pour les filles des courses de motoneige aussi, mais pas centrées sur la vitesse, mais sur l'agilité: elles devaient traîner un bidon d'essence vide sans qu'il se détache. Et puis le jeu du *ugly-fish* (crapaud de mer) d'après ce que j'en ai vu. Les joueurs sont en cercle autour d'un trou de pêche. Un dé circule entre chaque personne. Le maître du jeu (en l'occurrence le papa de Joanesie) annonce un chiffre de 1 à 6 (évidemment), celui ou celle qui tombe sur le chiffre va tirer la ligne jusqu'à ce quelqu'un d'autre tire le dé au chiffre demandé et vienne le remplacer. De temps en temps le maître de jeu change le chiffre. Pendant ce temps les Inuit parlent, rient, s'amusent quoi. Tout le monde est bien relax. C'était vraiment chouette.

Je pense que le fait que je reste ici pendant les vacances a été apprécié des membres de la communauté. Dans la rue, j'en croisais qui m'interpellaient en me disant, les yeux écarquillés: « *You stay here?* » Je leur répondais, enthousiaste: « *Of course!* » Je suis repartie vers la maison. Il restait encore bien du monde, mais moi, je voulais tranquillement me préparer au retour en classe. Et voilà les vacances terminées.

Scrabble

On a eu un premier vendredi soir en duo, le Père et moi, car Christiane était au Sud pendant les vacances. Je suis allée chez lui et on a joué notre première partie « de clarté ». On n'a pas beaucoup parlé, on a regardé le soleil se coucher, j'ai parlé de mon étonnement de voir des motoneigistes grimper les montagnes en dessinant de grands *loops*. «Des as», a-t-il dit. Et je l'ai battu à plate couture les deux parties.

Avant-hier, ça se passait chez Christiane, qui était de retour. Nous étions heureux de nous retrouver en trio. Christiane avait une vilaine grippe, le Père portait une belle chemise de printemps, et moi, j'ai connu un difficile revers avec un Scrabble raté que j'ai tenté de placer en mettant le mot *won* au pluriel: w-o-n-s. Paraît que c'est invariable. J'ai quand même gagné une partie sur deux. Mais on s'en fout, l'important, c'est d'être ensemble. La semaine prochaine le Père sera à Kuujjuaq, alors pas de Scrabble.

Encore des découvertes...

Vendredi, sur le babillard des profs, une annonce en anglais avertit que c'est la fin de semaine de ramassage des chiens qui ne sont pas attachés. C'est comme ça que se fait le contrôle des naissances des chiens! Deux ou trois fois par année, ils font le tour, ramassent les chiens errants et vont les tuer à l'écart du village. Contrairement à la tradition, les Inuit ne gardent plus la peau des chiens pour les vêtements. Paraît que c'est pourtant la peau la plus imperméable et chaude qu'on puisse trouver.

Pendant les vacances, j'ai vu mes premiers bruants des neiges, un petit groupe qui est resté environ cinq jours. Ça change des corbeaux...

Le village n'est plus le même sans les profs. Il n'y a pratiquement aucun bruit le matin avant 9 h 30. On dirait que tout le monde est en congé! C'est la grande paix. La nuit par contre, ça bouge — à pied, en motoneige, en quatre-roues, la circulation est dense.

Lise est curieuse de savoir s'il y a des soirées de danse. D'après Maata et Kulutu, très peu. Il y en avait plus avant. Il y en a une la veille du jour de l'An, avec un grand repas communautaire, et c'est à peu près tout, sauf une de temps en temps pour les jeunes.

C'est vraiment le printemps. Entre jeudi et ce matin, les montagnes sont devenues brunes. Enfin le blanc de la neige s'éclipse rapidement. Elles sont belles, on dirait qu'elles grossissent. Les rayures, brunes et blanches leur vont bien. Et de grandes parties du chemin sont maintenant sur le sable. Ça se transforme vite, je trouve.

La lumière

Ah, c'est tout un dossier, la fameuse lumière. C'est tellement fort que c'est trop pour moi, sérieusement. Comme si sa progression était plus vite que ce que je suis en mesure de prendre. Et je ne suis pas la seule. J'en ai discuté avec Véronic, ça peut fatiguer énormément. On a beau baisser les stores vers 20 h 30 pour créer le soir, on *sent* la clarté quand même.. C'est vraiment une étrange sensation. Je croyais que j'allais accueillir la lumière avec joie, plaisir, qu'elle allait me donner de l'énergie mais ce n'est pas vraiment ce qui se passe pour l'instant. Je trouve que c'est plutôt violent, agressant, envahissant. Je ne sais pas à quelle heure il commence à faire jour, mais je sais que le soir à 22 h 15, il y a encore des lueurs. Et nous ne sommes que le 23 avril! Je dirais que c'est l'aspect le plus spectaculaire de mes découvertes nordiques.

Enfin...

C'est ainsi que prend fin la chronique du retour de vacances. Pour tout vous dire, j'ai bien apprécié le congé de chronique.

Parce que mine de rien, j'y mets du temps. Mais je suis vraiment heureuse de relever ce défi. Parce que cela me permet, entre autres, de nommer mes impressions, de les expliquer, de les nuancer. Je pourrai également mieux me souvenir plus tard de toutes ces histoires, anecdotes et découvertes. Je pense qu'écrire chaque semaine influence mon regard, ma présence ici, car je vis les événements en sachant que je les raconterai; je leur accorde donc une plus grande attention. Grâce à vous, ma présence ici a une meilleure qualité. Vous êtes dans chacune de mes questions, dans tous mes regards, dans mes silences étonnés.

Je remercie encore ceux et celles qui m'ont envoyé tous ces présents, tout cet amour. Mes mots n'arrivent jamais à exprimer à quel point vos gestes et le temps que vous avez mis à les faire représentent beaucoup pour moi. Je connnais la vie du Sud, avec toutes ces choses à faire, à penser, tous ces gens à voir tout le temps. Je vous suis tellement reconnaissante! Et je commence à avoir sérieusement hâte de vous revoir enfin.

Je vous aime, à la semaine prochaine,
Bons matins,

Nadia

16

LIEU KANGIQSUJUAQ

DATE DIMANCHE 30 AVRIL 2006

OBJET *Cool*, le Nord

La classe

CETTE SEMAINE, J'AI PRATIQUÉ ma *zenitude* et je suis retombée sur mes pattes, comme toujours. Je pense que moi aussi j'avais oublié certaines choses pendant les vacances, comme le détachement, la singularité des classes du Nord, la désinvolture nécessaire à une bonne santé mentale dans cette expérience d'enseignement. Heureusement pour les jeunesses et moi, je m'en suis souvenu lundi matin. À cela on peut ajouter que quelques courriers électroniques pleins de sollicitude pour moi m'ont aussi aidé.

Annie est venue parler aux enfants lundi après-midi, et je tenais à ce que Reebah soit présente. Personne n'a beaucoup réagi, mais je pense qu'un certain message est passé. Je dirais que tout est revenu à la normale... en mieux. Bien agréable.

Elaisa est arrivée encore grippée, lundi après-midi; le matin elle faisait du ménage à la maison — c'est ce que Kulutu a appris lorsqu'elle a appelé, car je m'inquiétais un peu de cette absence prolongée. Elle a rattrapé les tests dans le temps de le dire et elle riait des plaisanteries du grand clown Peter.

Véronic a dû appeler la mère de Peter, qui n'arrivait pas à se mettre dans la tête d'aller à l'école pour y bosser un peu. Le message semble avoir passé là aussi, puisqu'il a daigné faire quelques exercices sans rechigner. Mais il n'écoute jamais du premier coup. Ça me demande du détachement et de la patience.

Utuqi est en forme aussi, toujours aussi discrète, avec un fou rire prêt à éclater à la moindre petite bouffonnerie de ses camarades. Elle me parle du bout des lèvres, comme si elle craignait de se compromettre en m'adressant la parole.

Noah rit, Noah chante, Noah danse. C'est une vraie bénédiction de l'avoir celui-là. Il est d'une humeur incroyablement égale: il est toujours joyeux! Si les autres jouaient le jeu du français à fond, je pense qu'il serait un des premiers à le parler couramment.

Qalingo continue de m'étonner, il travaille beaucoup mieux qu'à la troisième étape et évidemment il réussit beaucoup mieux aussi. Il a l'air de se méfier moins de moi, ça fait du bien, je n'ai pas à gagner péniblement chaque regard, chaque mot qui vient de lui.

Joanesie aussi est en forme. Ça n'a aucun rapport, mais il commence à avoir les cheveux longs, et ça lui va plutôt bien. Joanesie a les hormones qui se réveillent, il est toujours après les filles qui le trouvent tannant, bien entendu. «Betsy, mon amour», «Utuqi, ma femme», «Elaisa, Elaisa, Elaisa, je t'aime», il joue l'amoureux transi qui ne remarque pas les rebuffades des filles qui ne veulent rien savoir. Il s'amuse. Mais à la longue ça doit être difficile pour lui d'être repoussé. Ce qu'il peut devenir envahissant quand il les suit de près dans les corridors! Il se ramasse quelques claques, c'est immanquable. Avec moi, il est plutôt inégal. C'est pour ça qu'une journée je l'ai renvoyé à 15 h10, trop impoli et agressif. Je lui ai dit: «Ouste, tu reviendras demain avec ton sourire, n'oublie pas.» J'ai couru après lui dans l'école car il partait sans ses devoirs, le coquin. On a échangé un sourire, malgré nous, au-dessus du cahier.

Reebah est venue à l'école presque tous les jours, et presque de bonne humeur. Pas de grands *sparages,* pas de cris, mais pas de grand travail non plus. Elle s'est mise à arriver à l'heure depuis que je prive les élèves de récréation s'ils sont en retard.

Betsy est comme les montagnes russes cette semaine. Rien de régulier. Mais j'ai appris qu'elle a encore déménagé chez une autre cousine et que là aussi, c'est temporaire. Elle doit être pas mal mêlée, la belle Betsy. Où est sa place? Où pourra-t-elle déposer son sac et dire: «Je suis chez moi, et même si je ne suis pas parfaite, on ne me renverra pas.» Je m'efforce donc de rester calme même quand elle m'envoie promener. Je lui répète combien je la trouve intelligente, combien j'aime sa compagnie... quand elle rit. Elle me fait la grimace, mais je pense que mes mots finissent toujours par se rendre jusqu'à son cœur. En même temps, je ne veux pas trop en mettre, je ne suis pas ici pour toujours, je dois aimer fort... en me retenant. Mais je l'aime vraiment beaucoup. Et puis, c'est vrai qu'elle est très drôle et qu'elle me fait rire. Elle m'appelle Nadia Bleu, les autres ont commencé aussi, ça fait un beau concert, Nadia Bleu, Nédia Blou...

Julia est venue en classe cette semaine! Elle a presque travaillé, je n'y comprends pas grand-chose. Elle doit s'ennuyer à la maison, alors elle vient faire des tours à l'école. Elle va, elle vient, elle s'amuse et quand ce n'est plus amusant, elle repart ou je la renvoie, car elle déconcentre les autres en refusant de parler en français.

Eva me manque mais j'essaie de ne pas trop y penser. J'espère seulement qu'à sa nouvelle école, on a vu son lumineux sourire.

Nos activités préférées cette semaine: les jeux *As-tu vu?* (un ours polaire, un loup, un chien, une truite, un hibou, un phoque, un morse) et *Es-tu?* (un chasseur, un pêcheur). Chacun a un carton et tente de deviner le carton des autres en posant l'une des deux questions. L'autre doit répondre par une phrase complète. Les jeunesses adorent ce jeu que j'ai inventé un soir de janvier en cherchant des moyens de travailler les verbes *être* et *avoir*, et des trucs pour leur faire dire des phrases complètes. Je ne pensais jamais connaître un tel succès, mais vraiment, c'est le cas. On a joué une fin d'avant-midi et on a beaucoup rigolé, surtout quand Noah s'est mis à remporter des cartons et que Betsy s'est fâchée: elle avait peur de perdre et elle intimidait Noah en inuktitut. On a ri de voir Noah continuer malgré tout et Betsy bouder, refuser de donner ses cartons. C'était vraiment drôle.

Et il y a eu l'exposé oral ayant pour thème « Mon(ma) meilleur(e) ami(e) ». Ils devaient parler pendant au moins deux minutes en français seulement, et j'accordais aussi des points à ceux et celles qui posaient des questions après l'exposé de leur camarade. Il y avait de la nervosité dans l'air, je pense que c'était la première fois qu'on leur demandait cet exercice.

Et puis le bingo sur l'alimentation de vendredi après-midi a été bien chouette aussi. Rigolo, relax et amusant. Les enfants doivent répéter les mots, donc pratiquer la prononciation. C'est bien.

Je pense que ce qui a été le plus apprécié cette semaine, ce sont les fruits frais. Les profs ont droit à 100$ pour la classe par année. Cette somme n'ayant pas été entamée, Véronic m'a rappelé qu'il n'en tenait qu'à moi d'en faire profiter les enfants. J'ai alors décidé de commander des fruits au Sud. Ils adorent les fruits! On a donc mangé du melon d'eau, des raisins verts sans pépins, des kiwis, des mandarines et des carottes biologiques. Peter ne mange pas de fruits, mais il aime les carottes, alors j'en ai commandées aussi. Il s'est régalé, le grand lapin. La semaine prochaine on aura aussi des cantaloups au menu. Ah oui, le jardinage marche assez bien, les jeunesses s'y intéressent, ça pousse. Mais je dois gérer leur envie d'arroser car les pauvres radis vont se noyer avant d'avoir pu rougir...

Cette belle semaine de quatre jours a été calme, joyeuse. Ça me rend heureuse.

Tempête de fin d'avril

Lundi matin gris, humide, doux. Ce temps rond que j'aime tant. Mais lundi après-midi commencent la neige et le vent. Et ça dure: mardi, mercredi, et encore jeudi. Ce jour-là l'école a été fermée: trop de vent. Pas un avion n'a circulé entre lundi midi et jeudi soir. Paraît qu'il y avait un malade à évacuer, mais pas moyen de le faire. Cathy, elle, était allée lundi matin avec sa classe au cratère Pingualuit jusqu'à mercredi après-midi en principe... Ils ne sont revenus que vendredi matin.

Une vraie tempête. Qui est plus bizarre que les autres. Plus bizarre que tout ce que j'ai vu jusqu'ici. Parce qu'il fait si clair, si tard! Au Sud, comme ici, les tempêtes de décembre, janvier et février ne sont pas éclairées longtemps, car la nuit tombe vite dans ces mois-là. Mais cette semaine, je me levais à 6 heures, ouvrais les stores: *full* lumière, *full* blizzard, *full* neige. Et ça durait comme ça jusqu'à 22 heures! C'était vraiment très étrange cette sensation d'un interminable *jour* de tempête. D'autant plus que la perturbation a duré trois jours! Encore quelque chose de spectaculaire, quelque chose que je n'ai pas besoin d'exagérer pour y trouver l'incroyable. On a perdu la vue des montagnes lundi, et on l'a retrouvée vendredi matin seulement.

Toute la semaine, malgré le mauvais temps qui s'incrustait, qui écumait, qui brouillait l'air, il nous a fallu porter des lunettes fumées, comme si nous avions le soleil en pleine figure. Et pourtant on aurait juré qu'il nous avait oubliés, le soleil. Totalement oubliés. Et des bruants se sauvaient des jeunes chiens qui vivent dehors.

Un samedi aux oiseaux...

Samedi, fin d'avant-midi, Roland vient m'inviter à faire une ballade en motoneige dans les montagnes, sur les rivières gelées, au milieu de la toundra. J'ai accepté avec joie. Roland, si vous l'aviez oublié, travaille avec Éric à la résidence des jeunes du secondaire qui viennent d'autres villages. Roland et Éric se chargent de la cuisine, de l'animation, enfin de toutes les tâches domestiques au profit d'une quinzaine de jeunes. Cette semaine, c'est Éric qui travaille; Roland est donc en congé. Il est ici depuis une dizaine d'années. C'est un farceur, un gars viril, un bourru au grand cœur. J'étais bien contente de son invitation.

On est parti sur la baie gelée, on a contourné une énorme montagne, puis on a suivi une rivière. On s'est mis à escalader les montagnes en motoneige comme si nous étions en quatre-roues: on allait observer des perdrix. Des lagopèdes des rochers, selon mon guide d'identification. Espèce de grands oiseaux blancs, avec des triangles (équilatéraux, en passant) au bout de la queue qui les suivent dans leur vol. Je ne trouve pas ça tellement pratique pour les oiseaux, car c'est comme ça qu'on les voit. Enfin. Une fois que j'ai été plus à l'aise sur l'engin motorisé, je pouvais essayer de les repérer et de les signaler à Roland. On faisait une bonne équipe, et on a vu une bonne quinzaine de ces oiseaux dans notre après-midi. Ce sport est vraiment particulier. Je dis «sport», parce que se promener dans les montagnes en cheval à moteur exige de bien tenir la bride tout en étant attentif à ses moindres mouvements.

C'était magnifique, grandiose, magique. Vous savez, tous ces mots qui n'en peuvent plus d'être éblouis. Imaginez des montagnes de roches recouvertes de neige et de lichen à perte de vue, de l'eau gelée turquoise, bleue, noire, des foins jaunes, un inuksuk de temps en temps, qui rappelle que malgré les apparences, nous ne sommes pas les premiers à passer par là. J'ignore comment les Inuit ont fait et font pour s'y retrouver dans la toundra, tout y est tellement semblable et en même temps le paysage se transforme si vite. Encore une fois, je n'ai pas de mots pour exprimer la beauté fulgurante de ces endroits sauvages, imposants, démesurés. Le temps était couvert, mais parfois le bleu du ciel nous rejoignait, les nuages avançaient avec nous dans ce paysage infini.

Finalement, on a lâché les montagnes pour suivre une autre rivière et déboucher sur le détroit d'Hudson. Une dizaine de camps pas très éloignés les uns des autres y sont construits, on a vu quelqu'un en motoneige au loin. Roland m'a dit que c'est là que les Inuit viennent chasser le béluga l'été.

Après un arrêt, nous sommes revenus au village par d'autres chemins, d'autres rivières. On a croisé un harfang des neiges qui est venu planer autour de nous, curieux. Moi, je n'en pouvais plus d'être extasiée. J'ouvrais les yeux le plus possible, le moteur de la motoneige dans les oreilles; j'aurais hurlé de joie. Mais j'ai préféré le silence, par égard pour Roland. J'espère qu'il va me réinviter.

La lumière

Elle est vraiment fatigante. Et je ne suis pas la seule à m'en plaindre. Solange et Véronic aussi trouvent l'aube trop vite arrivée. À 4 heures le matin, il fait bien clair, et ce, jusqu'à tard dans la soirée. On dirait le soir à Montréal au solstice d'été ou le matin à Port-Cartier au même moment, mais en pire. Et nous ne sommes que le 30 avril. En tout cas, pas le choix, on ne peut repousser la lumière. Elle avance, dévore chaque partie de territoire, ne laisse presque rien à l'ombre. C'est d'une troublante sauvagerie.

Une question...

Denyse me demande s'il y a chez nous un comptoir de caisse populaire ou de banque. Non, pas du tout. Tout ce qu'il y a, c'est un guichet automatique au Northern où l'on ne peut que retirer de l'argent. Je pense que les Inuit passent par la Coop pour encaisser leurs chèques.

Mais encore...

Je ne vous ai jamais parlé du congélateur municipal. C'est un bâtiment équipé d'immenses chambres froides, de congélateurs et d'instruments de boucherie (scies, couteaux, tables). Les chasseurs et pêcheurs qui reviennent de leurs expéditions gardent ce dont leur famille a besoin et déposent le reste là. Ainsi les vieux, les mères célibataires, bref n'importe qui, qui ne chasse ou ne pêche pas, peut y prendre de la nourriture. C'est merveilleux comme système, vous ne trouvez pas?

Alors les Ouiouis, ce sera tout pour aujourd'hui. Je suis présentement dans ma classe, j'écoute le violoncelle, le temps est gris, il vient de grandes rafales de vent, la montagne se brouille par endroits, les corbeaux planent, et moi, je suis bien. J'en espère autant pour vous.

À bientôt,

Nadia

17

LIEU KANGIQSUJUAQ

DATE DIMANCHE 7 MAI 2006

OBJET **Flocons de mai**

La classe

CETTE SEMAINE, ambiance plutôt bonne. J'ai regroupé les examens lundi et mardi ; de toute manière ils sont marabouts. Alors on a pu s'amuser pas mal à partir de mercredi après-midi. Rien de marquant, de majeur, mais plein de petites choses qui m'ont fait rire ou fâcher, qui m'ont amusée ou stupéfaite. Comme d'habitude, quoi.

Mis à part les examens, ils ont eu à composer une histoire cette semaine sur le thème : « Cet été, je ferai... » Je pense que leur français s'améliore, on dirait que le concept de récit est en train de marquer des points. J'ai recueilli de belles histoires que j'ai photocopiées et que je garderai pour nourrir la nostalgie, au besoin.

Noah en a sorti une bien bonne au jeu des expressions formées avec le verbe avoir (avoir mal au genou, avoir froid, avoir chaud, avoir 13 ans, avoir la frousse, etc,). Après avoir vu ensemble la signification de chaque expression, l'un d'eux mimait une expression que les autres devaient deviner, avec un pronom approprié («tu as froid» ou «elle a froid», etc.). Qalingo mime «Avoir la frousse», Noah s'écrie: «Tu as l'air ridicule», et je dis: «Non, ce n'est pas ça.» Alors Noah crie encore plus fort: «*Il* a l'air ridicule.» C'était tordant, d'autant plus que Qalingo est très orgueilleux et que tout le monde rigolait. Peter a beaucoup aimé les jeux de mime et d'expression. Il essayait vraiment de deviner. C'était drôle. Il a tout un accent.

Utuqi m'a parlé un peu plus cette semaine. Elle avait un foulard que je trouvais très beau. Elle m'apprend que c'est elle qui l'a fabriqué, je la félicite et lui demande si c'est possible qu'elle m'en fasse un, que j'achèterais comme j'ai acheté des mitaines d'Elaisa. Elle a ri, je lui ai dit que j'étais sérieuse, elle a rit encore plus.

Une bonne semaine pour Joanesie, en général. Mais il est tellement plus rapide que les autres que je n'arrive jamais à lui fournir assez de travail qui l'intéresse. C'est dur pour des nerfs de prof à la fin de l'année. Quand il a terminé un exercice, son *fun* consiste à discuter, à déranger ou à taquiner les autres. Et comme il finit toujours premier et toujours très vite, le calme ne s'éternise pas dans cette classe. Évidemment, les autres ne demandent pas mieux que de détourner leur attention d'un examen de maths ou de français... Parfois je le lancerais par la fenêtre. Il semble fasciné par la poussée des légumes, il passe beaucoup de temps à regarder les pots. Étant donné qu'il n'attire l'attention de personne quand il est dans ce coin, il a pris l'habitude de se mettre à chantonner très fort quand il s'y trouve. Moi, des fois je ris et des fois non. C'est qu'il peut devenir usant le gamin.

Elaisa était en forme, le pire de sa grippe semble passé. Un matin elle s'est mise à jouer au perroquet et se moquait sans arrêt malgré plusieurs demandes de ma part de cesser son manège et de me laisser poursuivre la leçon. Elle continuait, les autres riaient, je perdais, encore une fois, l'attention et le respect. Excédée, j'ai changé de stratégie; je l'ai affrontée sur son terrain. Je lui ai dit, doucement: «Alors Elaisa, c'est donc vrai, tu te trouves vraiment plus intelligente que tout le monde ici?» Elle a répété machinalement, mais elle s'est rendu compte de ce qu'elle disait. J'en ai remis. «Moi, Elaisa, je suis très intelligente, plus intelligente que mes amis de la classe, je n'ai pas besoin d'écouter car moi, je vais au secondaire. Alors si les autres ne comprennent pas, tant pis pour eux, moi, je joue au perroquet et tout le monde rit.» Le jeu a cessé immédiatement. Je me suis trouvée très dure après coup. Je n'étais pas fière de moi. Par contre, après cette scène, Elaisa a travaillé dans l'enthousiasme, elle a ri et ne m'a pas rejetée, au contraire; des fois je n'y comprends rien.

Une bonne semaine pour Peter. Il a bien travaillé. Vraiment de bonne humeur, il a encore grandi, peut-être. Il enlève sa tuque plus souvent. Il devient vraiment un jeune homme.

Justement, parlant de tuque, tout le monde ou presque garde sa tuque dans la classe. Je n'y ai jamais vu de problème. Cependant avant les vacances de Pâques, j'entends la prof de la classe voisine réprimander des jeunes en leur disant: «La tuque, pas dans la classe.» Je regarde les jeunesses, et leur dis: «Est-ce que Julie acceptait les tuques dans la classe?» Ils ont pouffé de rire en disant: «Ouiiiiiiiiiiiiiiiii.» Mais Noah, qui ne porte pas de chapeau en classe, m'a chuchoté: «Non, Julie veut pas de chapeau.» Ils avaient «changé le règlement» à mon arrivée, sans que je le sache!

Qalingo et moi avons eu du bien du plaisir ces derniers jours. Nous avons parlé du sexisme en classe, j'ai sauté sur l'occasion pour leur poser une série de questions du genre:

«Est-ce qu'une fille et un garçon peuvent faire le même travail?

— Ouiiiiiiiiiiii.

— Est-ce qu'une fille peut être mécanicienne?

— Qalingo, qui veut être mécanicien: *No way*!

— Dis-moi Qalingo, est-ce qu'un garçon peut travailler dans une garderie?»

Il a vraiment réfléchi à la question, il semblait très embêté. Finalement il a dit:

«Oui.

— Et toi, quand tu auras des bébés, tu t'en occuperas?

— Oui.

— Tu changeras aussi les couches?

— *No way*!»

Sacré Qalingo. Je pense qu'il sera un bon papa et qu'il aimera cajoler ses petits.

Avec Betsy il y a eu certains moments plus pénibles. Par exemple, elle a quitté l'école plus tôt jeudi après-midi. Elle est devenue furieuse quand il a fallu faire des additions et soustractions de fractions. Elle ne voulait rien savoir et gueulait. J'ai dû lui demander de partir. J'étais bien triste, mais m'occuper d'une tigresse, la protéger d'elle-même tout en accompagnant les autres, ça dépasse mes capacités. On a quand même eu nos bons moments, quand on a joué au royaume du silence; je l'ai bien fait rire en essayant de me rendre à son trône après qu'elle m'eut fait signe d'aller la rejoindre. Elle était crampée. Paraît que je ressemblais à l'homme qui marchait sur la Lune.

Reebah a eu des moments difficiles, où elle avait besoin de toute mon attention et de celle de ses camarades. C'était pas mal intense par moments: cris, claquages de portes, retards, etc.

Mais elle a fini par se calmer et tout le monde était content. Elle a apprécié les cantaloups et réclamé des framboises.

J'ai pris congé vendredi, congé de santé mentale. J'ai laissé les stores baissés et je n'ai rien fait de la journée. Et j'ai passé presque tout mon temps à penser aux élèves. Bien fait pour moi.

Le Scrabble

Coup de tonnerre dans nos vendredis soirs et ma vie sociale. Christiane est arrivée chez moi à 18h45, alors que la partie n'était qu'à 19h30 chez le Père. Je me demandais bien ce qui se passait. Eh bien, le père de Christiane est tellement malade qu'il va probablement mourir. Sa mère lui a demandé de «descendre». Ce que Christiane a fait ce matin. Elle ne reviendra pas. Seulement à l'automne. Son année scolaire est donc terminée. Ça fout un coup. Elle était assommée, on peut la comprendre. Vendredi soir, c'était donc notre dernière partie en trio. Pendant de longs bouts, on a fait semblant de rien. On a profité de notre soirée comme s'il y en avait des milliers devant nous. J'avais apporté du vin, j'ai fait un Scrabble. Mais rien n'était pareil et nous en étions bien conscients. J'ai vraiment apprécié la présence du Père, sa simplicité, ses questions directes. Il accueille et il sait bien qu'il n'y a rien comme nommer les choses pour qu'elles ne nous écrasent pas de leurs angoissantes réalités.

Puis la partie s'est terminée. Gorges serrées et silences éloquents. Tout le monde y perd dans cette histoire; Christiane perd son père, c'est la fin de sa première année d'enseignement. Le Père et moi perdons notre compagne de Scrabble. Et moi, je perds la première et la seule copine avec qui j'avais créé quelques liens. Pas évident. Mais comme on dit si bien par ici: *C'est comme ça.*

La lumière

Ça n'a pas de bon sens. Je sais, vous pensez que j'exagère encore, je voudrais bien vous y voir, les lunettes de soleil sur le nez au milieu de la tempête. Il a neigé de lundi midi à samedi soir. Une des semaines les moins ensoleillées depuis mon arrivée ici. Le matin, je joue à un petit jeu. Les stores sont fermés, les rideaux aussi, et j'essaie de deviner le temps qu'il fait. À tous les matins cette semaine j'étais persuadée qu'il faisait gros soleil. La lumière qui filtrait à travers les stores était tellement intense qu'on aurait juré cela. J'ouvrais et je ne voyais même pas la montagne en face tellement l'air était brouillé par la neige qui tombait. C'est déroutant, et ça dure des heures, ces journées sans fin, sans début. Incrédule. Ça décrit bien ma face quand j'ouvre les stores pour découvrir un printemps gris, maussade et boudeur, alors que j'étais persuadée de tomber sur le bleu éclatant du ciel. Lumière embêtante et entêtée. Lumière omniprésente.

Vos questions...

Jean-François voudrait savoir s'il y a un maire ici. Mais oui, et c'est une mairesse. Une femme ayant entre 30 et 40 ans, Mary Piluurtut. Elle semble respectée. Je sais qu'elle anime, entre autres, une «émission de pardon» à la radio. Comme dans bien des communautés, il semblerait que ce sont les mêmes personnes qui sont engagées dans l'organisation d'activités, la gestion de la municipalité et les affaires de la communauté. Ces gens changent de fonctions au fil des années mais ce sont les mêmes qui s'impliquent.

J'en profite pour mentionner quelque chose que j'oublie tout le temps et qui pourtant m'a frappée en arrivant au village: la plupart des maisons ont un petit écriteau simple, qui indique les prénom et nom du ou de la chef de famille, près de la porte principale. Je trouve que c'est bien, comme coutume.

Christine pose des questions de linguistique. Je les ai apportées au père Dion, écrites, pour être certaine de bien les poser.

Question: Le temps s'exprime dans presque toutes les langues en utilisant des relations spatiales, par exemple *devant* est relié au futur et *derrière* au passé en français. Dans certaines cultures, c'est le côté *gauche* ou *droit* qui est utilisé ou encore les repères géographiques *nord* et *sud*. En inuktitut, quelles relations spatiales expriment le passé et le futur?

Réponse: en inuktitut, c'est comme en français; on dit *devant* pour parler du futur et *derrière* pour désigner le passé.

Le Père a apporté des précisions sur l'utilisation des termes concernant les lieux. En effet, il existe deux termes: *vik* et *mi*, pour exprimer un lieu. Ces termes se placent à la fin du mot et précisent le sens que l'on donne au lieu.

Vik est un locatif sujet qui signifie «là où»; par exemple, là où on enseigne, là où on est soigné, là où on achète de la nourriture. Équivalent français: «à l'école».

Mi est un locatif complément du verbe qui signifie «lieu où»; par exemple, lieu où on enseigne, lieu où on est soigné, lieu où on achète de la nourriture. Équivalent français: «dans l'école».

Autre information: en inuktitut, il n'y a pas de règles portant sur l'ordre des mots dans la phrase. Ce n'est pas comme en français: *sujet* suivi du *verbe* et puis du *complément*. On construit les phrases en commençant par le plus important de ce que l'on veut communiquer. Si c'est le sujet, ce sera le premier mot. Mais ça peut être le verbe ou bien le complément. Je me demande s'il y a d'autres langues où la structure est dépendante du propos et non l'inverse comme en français. Et puis, autre fait que j'ai relevé, le temps du verbe est au milieu du verbe et non à la fin.

Voilà ce que je sais que je ne savais pas. Merci, Christine.

Songer au départ, extrait du carnet

Jeudi 4 mai, 6 h 45

« Je voudrais repartir en autobus. Aller vers chez moi, le plus lentement possible, mais y aller, ça c'est sûr; je m'ennuie de ma vie avec mes amis et ma famille. Je voudrais rouler, pour voir défiler le paysage, dormir dans le ronron du moteur, pour ne pas me poser nulle part, ce qui m'obligerait à avoir une réflexion arrêtée. Je me sens trop fatiguée pour cela. Toute cette expérience me prend aux tripes, finalement. Jour après jour, me lever, proposer, rire, encourager, enthousiasmer, tancer, récompenser, négocier, punir, n'avoir jamais rien d'acquis, jamais. Je suis lasse et je ne voudrais pas être dans un avion pour revenir à la maison. Le mouvement de l'autobus me conviendrait parfaitement pour quitter Kangiqsujuaq. Une grande place à deux sièges, un beau gars à côté. Pas bavard. Me semble que ce serait ainsi que je m'éloignerais. Pour l'instant, mon esprit déguerpit vers le Sud où juin me dirigera. Mais dans quel état?

« Tous mes sentiments mêlés, que dans ma solitude je constate avec un total désarroi. Immobilisée dans la toundra depuis janvier. Me retrouver à aimer ces enfants comme s'ils étaient dans ma vie depuis longtemps et pour toujours. Et m'en séparer dans un mois et demi.

Comment mon cœur composera-t-il avec cette finale inéluctable? Je ne sais pas quelles seront mes réactions parce que je ne suis jamais revenue du Nord. Et ce matin de neige en mai ne m'apprend rien de mon retour.

« J'aimerais rentrer très lentement, tant pis pour les pilotes.

« Et partir tout de suite, ce matin. Avant que leur réussite de fin d'année des élèves ne titille ma fierté, s'imprime en moi pour rendre le départ, les adieux encore plus difficiles. Noah, Betsy, Peter, Reebah, Elaisa, Joanesie, Qalingo, Utuqi, Eva, Julia, comment vous installerez-vous dans ma mémoire? Y resterez-vous à jamais, figés dans l'intensité des instants partagés? Collerez-vous à moi comme je le crois? Aurez-vous 13 ans pour le reste de mes jours?

« Cette expérience m'ébranle, et ses conclusions me sont étrangères. Et c'est maintenant seulement que je m'en rends compte.

Ce matin il fait soleil enfin. Ça fait du bien de voir du bleu. Je vous souhaite une belle semaine. Je vous répète que chaque mot, chaque lettre de vous est un trésor dans mon aventure.

Je vous aime,

Nadia

P.-S.: Franchement, ce que je peux devenir bavarde, trouvez pas?

18

LIEU KANGIQSUJUAQ

DATE DIMANCHE 14 MAI 2006

OBJET **Mi-mai, double lumière**

La classe

ÇA ACHÈVE. Ça paraît. Cette semaine nous avons encore fait des tests. Les jeunesses ont moins bougonné, car nous avions un très beau programme pour jeudi et vendredi. Disons que ça aide à passer les moments où il faut se concentrer, ils ont eu enfin l'air de comprendre ce principe. Rien de particulier à signaler, personne n'est allé à l'igloo et tout le monde est venu en classe. Je suis surprise car on m'avait bien avertie, et au Nord et au Sud, que le taux d'absentéisme augmentait avec la lumière (encore elle).

Quel était donc ce programme si attirant? Jeudi après-midi paraski sur la baie, et vendredi toute la journée, pêche sur la glace, hourrah!

Mercredi après-midi, nous avions rendez-vous au gymnase pour rencontrer les deux instructeurs afin de préparer le paraski et voir un peu de quoi il en retourne. Benoît Havard et Guy Laflamme nous ont présenté une vidéo dans laquelle ils initient des Inuit à ce sport à Kangirsuk. Benoît Havard est un voyageur assez spécial : il a parcouru, entre autres pays, la Russie pendant trois ans en vélo. J'avais vu des reportages sur lui. Je ne pensais jamais le croiser par ici, mais tout compte fait, ce n'est pas si étonnant. Il nous a présenté des images de la Sibérie, c'était beau, on voyait des gens à dos de renne. Là-bas, il y a des arbres. Guy Laflamme a développé son entreprise de paraski, Kunoki, et il travaille beaucoup dans les communautés inuites mais aussi au Sud.

Les enfants étaient enthousiastes à l'idée de pratiquer le nouveau sport le lendemain. Nous voilà donc sur la baie à tenter de comprendre ce qu'il faut faire. Le paraski, c'est du ski en cerf-volant géant. (Bobby à Lison, Denis l'homme-vent, j'ai pensé à vous). D'abord, les instructeurs initient les enfants à faire tenir la voile dans les airs, à sentir le vent pour la diriger. Ensuite, après une maîtrise, même imparfaite, ils leur font enfiler les bottes, le harnais et mettre le casque pour sauter sur les skis (alpins). Ils attachent le harnais à la voile et hop ! Vive le vent, vive le vent. Seulement, ça n'a pas vraiment marché, car il ne ventait pas. Les gars n'en revenaient pas : depuis le temps que les Inuit leur parlaient du vent de Wakeham Bay, il a fallu qu'ils tombent sur un jour sans vent ! Les jeunesses se sont quand même franchement amusés. Quand une brise se manifestait, ils réussissaient à faire lever les immenses toiles colorées vers le ciel gris. Et puis chaussés de skis, ils se faisaient traîner par d'autres enfants, un peu comme on fait avec des patins. Sourires ravis.

Plus loin sur la banquise, il y avait une fête avec des jeux : lancer du javelot, lancer de boules de neige pour faire tomber une cible (en l'occurrence une belle canette de Pepsi), course de motoneiges, course à pied nu-pieds, course deux par deux. Ça rigolait. J'ai remarqué que les jeux ne sont jamais mixtes, ils sont réservés aux gars (lancer de boules de neige pour faire tomber une cible, course de motoneiges) ou aux filles (lancer du javelot, course à pieds nu-pieds, course deux par deux).

La classe s'est donc dispersée selon les choix de chacun. Je suis allée faire un tour à la fête et suis repassée près des paraskis. Joanesie et Noah avaient l'air de vraiment aimer cette activité; quand je suis repartie vers la maison, ils tentaient encore de faire lever des voiles, le sourire fendu jusqu'aux oreilles, l'expression est juste.

Le lendemain, pêche sur la glace, expédition en motoneige et *qamutik* (traîneau de bois attaché à la motoneige dans lequel on transporte des gens et du matériel). Nous avions rendez-vous à 9 h 30 à l'école. Nous sommes finalement partis à 11 h 45 et je n'ai rien compris de ce qui se passait jusque-là. J'avais beau poser des questions, impossible de savoir. Et les fantastiques jeunesses de ma classe ont décidé de ne rien traduire, de me laisser dans l'ignorance... Moments que j'ai trouvés bien difficiles à traverser.

Je m'attendais à une heure de motoneige, mais la rivière était à 2 h 15 de distance ! Circuler dans un *qamutik*, ça veut dire se faire brasser, sentir chaque bosse (et il y en a) et recevoir la neige en pleine gueule. Imaginez, j'ai fait le voyage aller-retour ! Aujourd'hui, je suis encore fourbue, je sens chacun des muscles de mon corps. Mais quelle balade extraordinaire ! Et ça recommence, les superlatifs pour tenter de m'approcher de la descripton du réel, mais je vous les épargne. En route, on a vu au loin des phoques sur la banquise, des goélands et trois oies blanches. J'ai vu des pistes, qui pourraient être celles d'un renard, d'après Peter, qui était avec moi dans le traîneau et qui avait décidé d'arrêter de me niaiser. C'est certain que seul à seule, c'est plus gênant de le faire qu'en groupe...

On s'est arrêté dans un camp, celui de Willie Alaku, et j'ai retrouvé les filles! Quelle joie, je ne savais pas du tout où elles se trouvaient, car le matin, elles étaient parties avec Mark sans revenir. Ça faisait partie de mes questions sans réponses... On a dîné, il faisait vraiment beau, tout le monde était en chandail.

Après, on a repris la route pour encore une vingtaine de minutes. Je dis route mais en fait c'est une rivière gelée... qui dégèle. De la *slush*, mais attention, pas de la *slush* brune de ville, de la *slush* de Grand Nord, blanche, turquoise, bleue. On arrive enfin et que commence la pêche!

Reebah a pris le premier poisson, minuscule, environ six pouces. Après, c'est devenu plus sérieux, on a pêché d'énormes truites (omble de l'Arctique ou *Arctic charr*) de la taille de gros saumons. Les jeunes étaient excités, ils criaient, riaient, trippaient, quoi. J'ai enfin compris les dessins de pêche blanche: souvent, les pêcheurs se couchent au-dessus du trou pour voir les poissons et, effectivement, on peut très bien les voir tourner autour de l'hameçon. Moi, juste de les observer, j'en avais assez. C'était drôle de voir, quand je levais les yeux, deux personnes couchées, les fesses en l'air, la tête enfoncée presque complètement dans le trou. Et tout à coup les voir se redresser pour tirer la ligne et sortir une immense truite. Chacun a ses réactions: Reebah rit sans arrêt, Utuqi sourit, Joanesie crie aux autres de venir voir, Peter fait semblant de rien alors que visiblement, c'est le bonheur total. C'est pareil pour Elaisa, mais elle ne peut s'empêcher de rire quand elle voit sa prise. Qalingo n'est pas un grand pêcheur, il se tient surtout autour des sacs de lunch et des motoneiges, mais il est heureux, c'est certain. Noah fait toujours une petite danse de joie, ses yeux brillent plus que le soleil sur la glace et Betsy, elle, hurle, gesticule, rit. Ce sont ses réactions qui me font le plus plaisir. Elle m'appelait pour que j'aille voir chacune de ses prises: «Nadia Bleu, viens, viens!»

Moi, je prenais des photos, j'essayais de me calmer l'émerveillement, sans succès: je n'arrêtais pas de sourire. Les jeunesses ont tellement insisté pour que je pêche que j'ai fini par prendre une ligne... pour attraper un énorme poisson, une magnifique truite de l'Arctique... qui s'est détachée en arrivant à la surface. Heureusement, Willie n'était pas loin. Il est venu (avec Betsy, Noah, Reebah, Qalingo, Joanesie, Utuqi et Peter) et il a rattrapé ma prise. Le trou doit avoir environ quatre pieds de profondeur et huit pouces de circonférence, ce qui fait que le poisson qui se détache est en quelque sorte prisonnier; alors une main leste et expérimentée peut le récupérer assez aisément. Moi, je n'étais pas peu fière de ma prise; Betsy applaudissait, les autres m'entouraient, tout le monde avait l'air vraiment heureux que je pêche un poisson...

Une autre partie de mon bonheur se trouvait avec les oiseaux que j'ai aperçus: des goélands (bourgmestres ou arctiques, d'après mon guide d'identification) entièrement blancs, gros comme des goélands argentés. Ils se tenaient sur la rivière, assez loin, faisaient entendre un cri de temps en temps. Ils devaient avoir hâte qu'on fiche (excusez-là) le camp pour manger les entrailles des truites. Il y a eu aussi la rencontre des deux oies blanches qui se trouvaient sur la rivière à notre arrivée au camp de Willie. Un couple, certainement. Willie a immédiatement pris son fusil, mais après maintes tentatives (environ une vingtaine de balles), il a abandonné la chasse. Les oies ont pu se sauver sans être blessées. D'après mon guide d'identification, elles ne sont pas encore arrivées à destination. Imaginez le chemin incroyable qu'elles ont parcouru (elles partent du nord de la Floride), les températures qu'elles ont dû affronter, la nourriture quasi impossible à trouver. Les voilà au nord du monde, fatiguées, affamées, mais tranquilles sur une rivière gelée, pour se reposer un peu enfin. Et bang! bang! l'humain est encore là, à leur poursuite. Qu'est-ce qu'elles doivent en avoir marre... et il faudra reprendre la route. Et puis, l'après-midi, mon regard a été attiré par un oiseau qui longeait le haut de la montagne en planant. Il semblait pas mal gros. Uqittuq m'a dit que c'était un faucon. Après vérification, ce serait un faucon gerfaut, dans sa variété grise. Un gros oiseau, car même de loin, son envergure était impressionnante. Il a plané quelques minutes et il est reparti derrière la montagne. Sur le chemin du retour, nous avons croisé des lagopèdes des rochers. Mais mon plus beau trésor, je le rapporterai au Sud : j'ai trouvé des plumes d'outarde en marchant au pied de la montagne durant l'après-midi. Je n'étais pas certaine, mais j'ai vérifié auprès de Willie qui a confirmé ma découverte. Mon oiseau préféré laisse des plumes sur son chemin et je les trouve. Willie et Uqittuq m'ont dit que les outardes (et les oies) avaient commencé à arriver cette semaine, que j'en verrais bientôt pas mal. Je l'espère de tout mon cœur. En attendant j'ai trois plumes...

Vers 18 heures on est reparti vers le camp de Willie avec au moins 50 prises. Au camp, les jeunesses ont fait sécher leurs bas, moi aussi, et on est reparti vers 19 h 30, après avoir mangé du poisson cru (délicieux) et bu du thé. Les jeunesses ont bouffé des pâtes ramen, des chips et des boissons gazeuses. Moi, je commençais à avoir sérieusement hâte d'être à la maison. Mais les Inuit ne sont jamais pressés, alors autant profiter de la beauté du paysage. On est arrivé au village vers 22 heures... Il faisait encore jour.

Et voilà une semaine de mai pas ordinaire qui se terminait... J'étais vraiment très fatiguée, les jeunesses aussi, mais le bonheur que je lisais dans leurs visages effaçait, en partie au moins, les moments difficiles que j'avais vécus le matin même.

Le Scrabble

Parce que je suis arrivée à 22 heures, évidemment il n'y a pas eu de Scrabble. Je me suis dépêchée de téléphoner au père Dion en arrivant pour m'excuser et lui expliquer ce qui s'était passé. Il m'a rassurée.

La lumière

Mes mots n'arrivent pas à décrire l'effet lumière, ils sont dépassés et moi aussi. Vous dire simplement que depuis le milieu de la semaine, je n'ai jamais vu autant de lumière de ma vie. Ça dépasse tous les solstices du Sud... réunis. Il a neigé jusqu'à mercredi et le premier jour de soleil était vendredi. Il était temps : le gris était en train d'envahir mon moral, mon énergie et mon cœur. Depuis vendredi, il fait vraiment beau, c'est le retour du ciel bleu et des montagnes brunes et blanches. Vers 23 h 30, le ciel, à l'ouest, offre ses dernières lueurs orange et rosée. Et les mouches entrent dans les maisons sans moustiquaires, comme la mienne, bien évidemment. Mais je m'en fous.

Vos questions...

Françoise me demande s'il y a de l'alcool et de la drogue dans la communauté. Il n'y a aucune boisson alcoolisée à vendre dans le village. Les Inuit doivent commander au Sud selon la quantité qui leur est accordée, comme les Blancs quoi.

Je ne sors pas le soir, je n'ai jamais assisté à des scènes disgracieuses de filles ou de gars ivres. Pour la dope, on dit qu'il y a pas mal de pot, à vendre à 60 $ le gramme, mais bien entendu que je n'ai pas essayé d'en acheter. Il y a des rumeurs selon lesquelles la coke arriverait ici peu à peu (par les Blancs) et qu'elle susciterait beaucoup d'intérêt chez certains Inuit. Avec cette lumière, voilà des plans pour se lever au mois d'avril et se coucher au mois de septembre! En tout cas, je n'en sais pas plus. Je n'ai jamais entendu parler d'inhalation d'essence comme moyen de se geler, comme dans bien d'autres villages du Nord. Mais peut-être est-ce simplement parce que je ne me tiens pas avec des gens qui pourraient me tenir au courant.

Louis me demande de lui décrire le contenu des magasins. J'ai déjà mentionné que ce sont des répliques de magasins généraux de village, mais Louis est un pur Montréalais. Toutefois, comme il n'est pas le seul parmi vous à l'être, je vous indique, sommairement, ce que contient la Coop. Précisons d'abord une chose: une allée implique deux rangées de tablettes. Alors, entrons dans la Coop et dirigeons-nous vers le mur de gauche: il est réservé aux congélateurs de nourriture surgelée, précédés des comptoirs de fruits, de légumes et de produits laitiers, rarement pleins, la plupart du temps clairsemés. Sur le mur du fond, un congélateur de viandes (du Manitoba) et des ombles de l'Artique, environ une dizaine, congelées pleines, non enveloppées. Ensuite quatre allées d'aliments, nourriture pour bébé, couches, pharmacie, comme n'importe quel magasin. La Coop a reçu du jus Oasis la semaine dernière; je voyais cette section vide depuis janvier. Ensuite, il y a une allée de vêtements: du soutien-gorge aux anoraks en passant par les jeans, les chandails et quelques robes. C'est tassé, il y a beaucoup de stock. Finalement, un mur de tablettes avec différents types de produits: vaisselle, chaudrons, jouets, quincaillerie (outils, ampoules, vis, clous, etc.), articles de couture, fils, tissus, matériel scolaire, nécessaire à camping, appareils électroniques (télévisions, vidéos, systèmes de son), quelques peaux d'animaux. Le tout est étalé pêle-mêle, et les clients prennent un objet à un endroit et le laissent tomber plus loin sans se préoccuper des «catégories». Contre le mur du fond, il y a également une immense boîte de rouleaux de tissus, ainsi que les casiers postaux, le comptoir postal de ma copine Betsy et les bureaux administratifs de la Coop, là où les Inuit encaissent des chèques. À l'avant, des étagères et des comptoirs vitrés verrouillés qui renferment bijoux, batteries, balles, petits appareils électroniques, appareils photos, montres, disques compacts, films. Sur le mur de l'entrée, d'un côté les étagères vitrées et de l'autre des sac à dos, des tentes, des bâtons de hockey, des mitaines, des chaises pliantes. Juste à côté de la porte, une vieille radio-cassette qui permet d'entendre la radio du village. Voilà donc, grossièrement dressé, l'inventaire de la Coop. Le Northern contient sensiblement la même marchandise mais à plus petite échelle, et offre un service de nettoyeur et un guichet automatique en plus.

Aujourd'hui, c'est la fête des mères, j'ai donc une pensée spéciale pour la mienne. Pour ma grande-mère aussi. Je pense également à toutes mes amies, ma sœur, qui connaissent cet état de maternité, avec tout ce que cela implique de joies... et de peines. Je vous aime.

Je vous souhaite des rires et de la joie au point d'en avoir des crampes aux joues.

Bonne semaine,

Tendre, tendre,

Nadia

19

Car bien souvent les exilés n'emportent pas de terre aux semelles de leurs souliers; ils n'emportent rien d'autre qu'un nuage de poussière dorée et dansante qui nimbera tous les êtres, toutes les choses, tous les paysages sur lesquels se poseront leurs regards, s'attarderont leurs caresses; et ce poudroiement infime, impalpable, fait de cendres mortes et de pollen fécond, s'appelle la langue.

Sylvie Durastanti, dans *La traduction est une histoire d'amour,* de Jacques Poulin

La classe

À CHAQUE FOIS que je crois avoir cerné les jeunesses, afin de pouvoir prévoir leur comportement, je me mets le doigt dans l'œil. Cette semaine j'étais prête pour un combat à plusieurs rounds. J'étais certaine qu'ils seraient de mauvais poil, refuseraient de travailler, arriveraient en retard, boycotteraient les devoirs. J'avais tout faux. Ils ont été charmants. Ponctuels (ou presque), présents, de bonne humeur, leurs devoirs complétés, je les ai à peine reconnus. Même qu'un moment, je suis sortie de la classe puis rentrée de nouveau en disant: «Est-ce bien la classe de septième français? Est-ce bien vous Reebah et Joanesie? Qui s'est déguisé en Peter?» Ils ont bien ri. En plus, comme tous collaboraient, le travail a été vite terminé, et il y a eu pas mal de temps pour les jeux. Mais encore là, des jeux éducatifs auxquels ils ont participé avec enthousiasme. Et moi, j'étais toute mêlée. Encore une fois.

Bien entendu, il y a eu des petits moments de flottement. Reebah est allée à l'igloo exécuter les tests qu'elle avait manqués le matin, parce qu'elle dormait et que ça ne la tentait pas de se mettre à l'épreuve. Je lui ai simplement dit que c'était comme ça : qu'on faisait des tests le matin et des jeux l'après-midi, que je comprenais fort bien qu'elle dorme le matin, mais que l'après-midi elle devait compléter les tests avant de venir jouer. Le lendemain, 9 h 15, elle était au poste, tout endormie, le crayon aiguisé. Moi, je riais. Elle a ri aussi, avec sa voix rauque de sommeil. Et Qalingo est allé terminer sa composition à l'igloo parce qu'il n'arrivait pas à se concentrer dans la classe. J'ai dû insister un peu pour qu'il m'y suive, mais rien à voir avec certaines bagarres de l'hiver.

Parlant de composition, j'ai vécu un très beau moment de fierté professionnelle et personnelle. J'en ai connu très peu de ce genre et ça m'a fait tout drôle. Je vous explique. La première semaine de janvier, avant que je sache tout ce que je sais maintenant, j'avais proposé un exercice pour «évaluer» leur niveau de français. Je leur avais présenté une photo et ils devaient écrire deux phrases au passé (ce qui s'est passé avant la photo), deux phrases au présent (ce qui se passe pendant la photo) et deux phrases au futur (vous l'avez deviné, bande de visionnaires : ce qui se passera après la photo). Cela s'était avéré un flop total. Aucune phrase n'était sortie excepté : «je ne sais pas», mon refrain préféré, que les élèves ont commencé à m'apprendre grâce à cet exercice, justement. J'en avais parlé à Julie, la prof que je remplace, qui m'avait répondu : «Oh non, ils ne sont pas capables de faire cela, ils ne maîtrisent pas suffisamment leurs temps de verbes. En plus tu leur demandes de composer des phrases, et ça, ils n'y arrivent pas. Inventer des phrases c'est vraiment difficile pour eux.» J'étais déçue et m'étais bien promis d'y revenir. Et c'est cette semaine que cela s'est produit. J'ai ressorti les photos dont ils se sont souvenus tout de suite; ils sont très visuels. Et cette fois, je leur ai demandé quatre phrases de chaque temps. Figurez-vous que chaque élève, sans exception, a réussi l'exercice. J'étais tellement fière d'eux. C'est certain qu'il y a différents degrés de succès, mais tout le monde y est arrivé, vous vous rendez compte? En plus, de belles histoires ont été inventées, mettant en vedette leurs camarades de classe.

Mais je n'en suis pas restée là. Le lendemain, après les corrections, chaque élève a lu sa composition à la classe. On aurait entendu une mouche voler (et il y en a quelques-unes, mais aucune ne volait pendant les exposés, elles devaient écouter, elles aussi...). Ç'a été vraiment des moments fantastiques. Je les ai chaudement félicités, leur ai rappelé que l'exercice leur semblait trop difficile en janvier et que maintenant, tout le monde avait très bien réussi.

J'ai profité de l'occasion pour leur annoncer que si tout le monde continuait à bien travailler jusqu'à la fin de l'année, toute la classe irait au secondaire. Le bonheur, ça peut ressembler à ces instants où la fierté se promène de regards en regards, créant une lumière supplémentaire. L'enseignement, des fois, c'est vraiment génial.

À la suite de la journée de pêche, les jeunesses ont bronzé... et pelé. J'ai apporté de la crème hydratante en classe, leur peau craquelée me faisait mal pour eux. Sur le coup, Elaisa a refusé mon offre, mais quand elle a vu les autres, Qalingo inclus, se jeter sur la bouteille pour enduire leur visage, elle n'a plus hésité.

Jeudi, on est allé pique-niquer à l'aéroport, comme ça, pour rire. J'ai fait mes super sandwiches au thon (les meilleurs au monde, j'en ai eu, une fois de plus, la confirmation) et nous sommes partis à pieds dans la brume et quelques flocons. Peter a décidé d'aller plutôt chez lui: ça ne lui tentait pas et il partait camper avec son père, j'ai bien compris. On s'est dit: «À mardi.» Et nous, nous sommes partis, chacun à son rythme, deux par deux. Noah sautillait d'un groupe à l'autre, Qalingo et Joanesie jouaient au base-ball avec des bâtons et des cailloux trouvés le long du chemin.

Tout à coup, j'entends Joanesie crier avec Qalingo, Reebah et Betsy: «Nédia Bleu, tes oiseaux préférés, tes oiseaux préférés!» Et c'est là que j'ai vu mon premier voilier d'outardes, environ une vingtaine. Elles volaient sous la brume. Je pensais à leur long, leur si long voyage. Grâce, vaillance et solidarité. C'est ce que j'admire quand je rencontre un voilier d'outardes, ce qui m'inspire si fortement.

Après, on a continué à marcher. Et tout le reste de la journée a été parfait aussi. En redescendant, il était environ 14 heures, encore à ma grande surprise, ils n'avaient pas le goût de rentrer chez eux. Je leur ai donc proposé d'arrêter au Centre Pingualuit pour voir un film. Ce qu'on a fait. Le Centre n'est pas très «organisé», personne n'était là pour nous recevoir. Reebah a fini par trouver quelqu'un qui nous a fait entrer dans le bureau et nous a dit en anglinuktitut: «Prenez le film que vous voulez, le lecteur de CD et le vidéo sont là, servez-vous.» On a fini par se mettre d'accord sur un film, mais j'étais déçue, le film *Nanook of the North* avait disparu; on a donc pris un documentaire sur les animaux du Nord. On a tourné les divans face à l'écran et on s'est installé, bien confortablement. Joanesie, qui ne reste pas en place, en a profité pour faire de la photo, Reebah s'est endormie et Qalingo a fait des massages de mollet à Betsy. Après le film, avant de se quitter, ils m'ont dit en chœur: «À mardi, Nadia Bleu!»

Et maintenant des perles: je leur ai appris l'expression *À vos souhaits*. Depuis, quand il a envie d'éternuer, Noah dit: «Je vais souhaite.» En toute logique. Dans un exercice oral, quand je disais un verbe conjugué, les jeunesses devaient nommer le verbe à l'infinitif. Je dis: «Que tu maigrisses» et le verbe à l'infinitif est... «manger», affirme Qalingo... Dans les compositions, Noah écrit une phrase au futur: «Demain, Peter chantouillera les oiseaux...», évidemment il voulait dire «cha-touillera». Peter, lui, écrit sur les sentiments: «Joanesie pleure et il veut un sourire.» Elaisa, qui encore une fois manifeste beaucoup de talent, dit: «Demain, Eva ne fumera pas parce qu'elle aura un bébé dans son ventre. Plus tard Papigatuk fumera toujours, mais Eva dit: "Est-ce que tu ne fumeras pas?" Papigatuk, il dit à sa madame: "Mais je ne sais pas comment faire pour arrêter de fumer."»

L'école

Véronic est enceinte, j'oublie tout le temps de vous le dire. Son ventre pousse à vue d'œil, elle est bien belle. Et elle travaille pas mal fort pour bien terminer l'année. Elle, Thomas et Adrien, leur fils, ne reviendront pas dans le Nord, car leur décision est prise de retourner dans le Sud. Véronic n'est pas une senti-mentale comme moi, elle semble très bien accepter de partir après huit ans ici. Pas d'angoisse, pas de joie exubérante. En apparence. Elle garde son calme olympien, se concentre sur son travail et se flatte discrètement la bedaine. J'admire son stoïcisme. Mais peut-être que c'est une façade pour se protéger et que le soir, lorsqu'elle ferme les rideaux, des émotions contradictoires l'envahissent, elle aussi. J'aimerais garder un contact, ne serait-ce que par écrit, avec cette femme étonnante qui a voyagé pas mal, a habité un an en Australie, a vécu en France et demeure dans le Nord depuis tout ce temps. Elle n'a pas les mêmes difficultés que moi avec les langues. Elle nage parmi elles avec naturel, elle ne parle pas inuktitut, mais ça ne semble pas lui poser problème. Elle dit qu'elle a préféré apprendre l'espagnol. Comme j'aimerais avoir cette aisance linguistique! Moi, j'ai l'impression que mon cerveau est tellement imprégné du français, que je ne peux y intégrer une autre langue sans ébranler tout mon système nerveux... Véronic aimerait peut-être enseigner à Trois-Pistoles... je me prends à rêver que nous pourrions redevenir collègues un jour.

Un souper avec Marion et ses enfants ou *La vie, la vie* dans le Grand Nord

Mercredi après-midi, Marion, la prof qui me fait penser à une ourse, que je trouve très gentille, qui est ici depuis 11 ans, qui est avec un Inuk, m'a invitée à souper chez moi. Pour manger de l'oie. J'ai accepté avec plaisir. Elle est venue avec ses deux enfants, Madeleine, cinq ans et Jaimie, deux ans, futur grand chasseur très très comique. C'était vraiment chouette de voir mon appart s'animer.

Pour la première fois depuis janvier, j'ai mangé avec des gens autour d'une table, j'ai trouvé ça pas mal *le fun*. Madeleine et moi avons partagé la langue de l'oie. J'ai appris beaucoup de choses durant ce souper, particulièrement sur deux sujets: l'adoption et les histoires d'amour chez les Inuit.

D'abord quelques principes concernant les adoptions à la manière inuite : 1. Les enfants biologiques et ceux qui sont adoptés deviennent frères et sœurs, la notion de demi-frère et de demi-sœur n'existant pas ici. 2. Les enfants apprennent très vite qu'ils sont adoptés et connaissent leurs parents biologiques. 3. Les adoptions se produisent très souvent à l'intérieur d'une même famille. 4. Certaines adoptions se décident pendant la grossesse. Les grands-parents peuvent décider d'élever le premier enfant de leur fils aîné par exemple. 5. L'adoption est perçue comme un don et non comme un abandon. 6. Les liens avec les parents biologiques ne sont jamais complètement rompus si tout le monde habite le même village.

Voici une histoire pour illustrer ce dernier point. Dans une famille de 12 enfants, les parents donnent en adoption une fille, car ils ont trop d'enfants à s'occuper. Celle-ci se marie, a des enfants, mais son conjoint est violent. Après quelques années, le père biologique de cette femme intervient en téléphonant au mari violent : « Si tu continues de battre ma fille je te tue. Tu as maintenant 35 ans, ça suffit. » Ce qui implique qu'avant qu'il ait cet âge, ce n'était pas si grave, car comme me l'a appris le père Dion, un Inuk devient un homme responsable autour de 35 ans (un peu comme les gars au Sud, avais-je souligné avec une grande justesse, d'après certains commentaires que j'avais entendus...).

Il y a des histoires d'amour et d'adultère compliquées. Dans le Nord les gens se marient jeunes, des fois trop. Et parfois ils redeviennent amoureux... de quelqu'un d'autre. Ces histoires, bien entendu, arrivent aussi dans le Sud. Mais dans un village de 500 personnes, incluant les enfants, c'est un peu compliqué. Ça aussi, ça ressemble au Sud. Dans un contexte où il y a des enfants adoptés dans presque chaque famille, ça devient un cauchemar, car tout le monde est très vite impliqué dans les histoires des autres. Alors il y a des adultères, mais peu de divorces, car c'est trop complexe à gérer. De plus, les Inuit hommes et femmes sont très jaloux. Ouf!

J'ai réalisé pleinement ce soir-là, grâce à Marion, que les liens entre les membres de la communauté sont tressés d'une manière complexe, qu'on ne peut définir simplement et clairement. Merci, Marion. Qui elle-même a une histoire d'amour avec un Inuk, digne d'un roman abracadabrant. Mais c'est leur histoire, ce n'est pas une affaire de chronique pour Ouioui curieux.

Un souper sushi

Une vraie semaine de *jet-set*. Cathy, lorsqu'elle est venue m'inviter à souper, m'a affirmé qu'elle n'accepterait pas de refus de ma part. J'ai donc dit oui avec joie, en lui précisant que jusqu'à la fin de l'année je ferais de même à toutes les invitations. Je me suis pointée après une petite sieste, pas mal de profs blancs étaient là: Shona, Angela, Melinda, Aurora, Jimmy (seul Inuk parmi nous), Julie ma voisine de classe (avec qui je commence à avoir une belle complicité et partage de beaux cinq à sept), son amie Christine en visite de Salluit (elle enseigne aussi), Sophie, Véronic, Thomas, Adrien, deux gars de la construction et les deux gars du paraski (qui ont prolongé leur séjour ici et sont hébergés par Cathy). Ça jasait en masse, c'était sympathique. J'ai appris à rouler les sushis en écoutant Christine comparer les écoles de Salluit et de Kangiqsujuaq. En résumé: à Salluit, il y a plus de problèmes, mais plus de ressources aussi.

Lors de ce souper, j'ai entendu une histoire d'ours polaire à faire frémir. Le frère de Jimmy était à la chasse à l'oie cette semaine. Dans l'après-midi, il faisait une petite sieste dans son *qamutik,* car les oies ne bougent pas beaucoup en plein jour. Pendant qu'il dormait, il entendit gratter sur le *qamutik* le long de son épaule et finit par ouvrir les yeux pour apercevoir... un ours polaire! Il sortit lentement du *qamutik.* Il n'avait que son fusil pour chasser l'oie, pas assez puissant pour tuer un ours, mais assez pour le rendre très agressif s'il l'utilisait, bref, il n'avait pas d'arme. Il sortit du *qamutik,* recula lentement et, une fois assez éloigné, se mit à crier et à gesticuler pour faire partir l'ours... C'était quitte ou double: ou l'ours l'attaquait ou il partait. L'ours partit très lentement. Ensuite, le frère de Jimmy sauta sur la motoneige et se sauva à toute allure. Il avait vraiment peur... après. Il se dit: j'aurais pu être dévoré, personne n'aurait jamais retrouvé mon corps. Bien entendu, il raconta l'histoire à la radio.

En tout cas, ça fait toute une histoire à raconter lors d'un souper... Ça s'est passé sur le chemin qu'on a pris pour aller à la pêche l'autre fois. Me semble que cette histoire est encore plus effrayante avec cette précision.

Et puis l'anglais est devenue la seule langue de communication entre nous, car certaines personnes parlent moins français que moi anglais, pour vous donner une idée... J'ai participé du mieux que j'ai pu, mais comme je vous l'ai déjà dit, je ne suis pas très à l'aise dans ce genre de rencontre. Je suis donc repartie, le ventre plein et le cœur content. J'ai invité Cathy à dormir au Bic lorsqu'elle passera pour se rendre à son futur chalet en Gaspésie.

Le Scrabble

Le père Dion était chez moi à 19 h 30 pile. Christiane me manquait. On a jasé de tout et de rien, tranquilles. Une soirée presque silencieuse, où les mots n'étaient pas nécessaires, où la complicité qui s'est développée entre nous suffisait. Miam! C'est bon pour l'esprit.

La lumière

Écoutez, je ne sais plus comment vous en parler. Si je vous dis qu'à minuit il fait encore un peu clair, ça vous donne une idée de l'impuissance de mes mots? Mais le phénomène m'agresse beaucoup moins qu'au début. Je le prends comme il vient, je m'émerveille, je me dis que l'on ne peut s'habituer à cette extraordinaire lumière, que c'est tout à fait normal d'être tout à l'envers. D'après mes pipis nocturnes, je pense que la nuit est presque disparue. Je me demande ce qui va arriver à la lune.

Vos questions

Les *sewages*. Christian me demande, comme Jean-François plus tôt cette saison: où va la merde? Bon, les gars, j'ai fini par faire mon enquête, voilà les réponses.

Précisons tout d'abord que le mot « *sewage* » désigne: *a*) la fonction du camion jaune (qui ressemble à un camion à lait pas de lait) qui transporte les résidus; *b*) celle du grand réservoir qui contient les déchets des toilettes, installées dans chacune des maisons. En français, on dirait camion ou pompe « d'évacuation ».

Comment la merde est-elle extraite des maisons? Les réservoirs (*sewages*) sont dotés d'une ouverture à l'extérieur de la maison qui permet d'introduire un tuyau d'environ sept pouces de diamètre. Celui-ci est connecté au réservoir de la maison, alors la merde est aspirée dans le camion jaune (*sewage*). Une fois plein, le *sewage* se dirige (quelqu'un le conduit, n'ayez crainte) sur le chemin de l'aéroport et bifurque sur celui du dépotoir. Près de celui-ci (nous sommes environ à sept kilomètres du village) se trouve une sorte d'étang naturel, qui n'est relié à aucun point d'eau, c'est à cet endroit que sont vidés les *sewages*. Et c'est là que la merde s'évapore, se décompose. Il paraît qu'aucun produit chimique n'est ajouté pour accélérer le processus. C'est aussi simple que cela. C'était pas la peine de mettre autant de temps à répondre...

J'ajoute quelques notes sur l'eau potable, qui partage une caractéristique avec l'évacuation, c'est le transport. L'eau potable provient d'un lac, nourri lui-même par une rivière (non, je ne connais pas son nom). Chaque maison dispose d'un autre grand récipient qui est rempli par un autre camion à lait pas de lait, mais celui-là est blanc. Le même principe est utilisé: un tuyau est connecté à une ouverture pratiquée dans la maison, reliée au récipient. Et voilà!

Morale: si tu veux conduire un camion à merde ou un camion à eau potable, t'as intérêt à ne pas être daltonien... en tout cas la communauté a tout à gagner à ce que tu ne le sois pas.

Quand c'est le printemps pour vrai

L'omniprésence de la lumière en est un signe indubitable, l'arrivée des outardes et des oies aussi. Mais, dans le retour des odeurs, se trouve aussi le printemps. La neige fond, le soleil est puissant, mais quand c'est gris, c'est gris. Comme il y a moins de neige, c'est beaucoup moins éblouissant. Ça fait du bien, de revoir la terre.

Pendant la balade à l'aéroport avec les enfants, j'ai marché dans le lichen spongieux (François Lapointe, j'ai pensé à toi et à notre superbe contrat). Cette odeur de terre sucrée, ronde, humide, quelle joie pour mon nez. Tout à l'heure, j'ai marché vers la rivière qui coule à flots près de la maison de Roland, autre signe du printemps. Encore un sens de stimulé par ce bruit unique d'une rivière dégelée, forte de son énergie retrouvée. Et puis, les petits oiseaux se multiplient. J'en ai entendu sans les voir dans le paysage. J'irai à leur recherche tout à l'heure. Les vélos, petits et grands, les motos et les quatre-roues se multiplient presque aussi rapidement que les nuages de brume, nuages de bruits. Devant les fenêtres de la classe, pendant que je vous écris, les goélands ont remplacé les corbeaux, plus rares. Peut-être sont-ils allés encore plus au Nord. Je pense que les temps changent, qu'une autre saison a fait, pour vrai, son apparition.

Et comme les temps changent, cela amène une autre étape à mon parcours: j'en entame la dernière partie, celle du départ prochain. Cela se concrétise par les réservations d'avion, les examens de fin d'année à préparer, les boîtes à rapailler, petits jalons qui mènent aux adieux. J'essaie de mettre en pratique un des grands apprentissages de l'hiver: vivre l'instant présent. Et ça fonctionne plutôt bien. L'angoisse qui m'habitait parfois depuis quelques semaines disparaît tranquillement, on dirait, pour laisser place à une joie tranquille, à une satisfaction de moi-même qui se déploie de plus en plus et c'est un sentiment merveilleux. Je vous l'avoue sans modestie, mais avec franchise.

Le violoncelle de Pablo Casals accompagne mon dimanche matin grâce à Bach. C'est grave et plein d'espérance à la fois. Un peu comme mon intérieur.

Je vous dis, faites-vous des câlins, prenez soin de vos amitiés et de vos amours, je ne sais pas s'il n'y a que cela qui compte, mais je peux vous assurer que c'est important pour vrai.

Bonne semaine, je vous aime,

Nadia

20

LIEU KANGIQSUJUAQ

DATE DIMANCHE 28 MAI 2006

OBJET **Fille de la Côte
de passage dans le Nord**

La classe

CETTE SEMAINE, seulement trois jours de classe. Lundi, c'était férié et vendredi j'ai pris un congé de santé mentale à la grande joie des jeunesses car je n'ai pas été remplacée, ça leur a donc fait un congé aussi. « Youpi ! » a dit Noah.

Durant ces trois jours, ils ont quand même travaillé: derniers tests et début de la révision. Et puis Reebah a eu 13 ans jeudi. Ce matin-là, elle est arrivée à 9 heures. C'est la première fois depuis des semaines qu'elle était à l'heure le matin. Je lui ai dit que 13 ans, c'était pas mal impressionnant et qu'elle avait quelque chose de changé, ça c'est sûr. Elle riait, ses cils bordés de mascara violet faisaient de l'ombre à ses paupières... Joanesie m'a demandé de lui couper les cheveux. Il n'en peut plus: « Je suis chaud, je suis chaud » s'est-il lamenté après une partie de hockey « à mains ». Le hockey « à mains » se joue avec peu d'équipement. Vous vous doutez certainement qu'il faut avoir des mains, deux suffisent amplement, rassurez-vous. Vous déterminez un but de chaque côté de la classe après avoir tassé les obstacles (comme un pupitre, un chevalet et un petit classeur). Vous vous placez à genoux et vous attendez le plus important: la rondelle. Qalingo enlève alors ses bas, les insère l'un dans l'autre, les entoure de papier collant et vous voilà prêt pour le grand jeu. On peut avoir très chaud, certaines parties sont plus intenses que d'autres.

Un éditorial boréal

Dans le Nunavik on ne peut pas, paraît-il, enseigner la théorie de l'évolution sans risquer de perdre son emploi. Je pense que ce qui s'est passé à Salluit au sujet du départ d'un prof a été beaucoup plus médiatisé dans le Sud que dans le Nord. Moi, j'ai seulement lu la lettre de la commission scolaire. D'après ce que j'ai compris de la rhétorique mal traduite de Kativik, on ne défend pas d'enseigner la théorie de l'évolution, mais on a trouvé ici que cette théorie était *trop* enseignée. Il paraît que l'on permet aux enseignants d'évoquer cette théorie au troisième secondaire lorsque l'on aborde le sujet des ossements. Point final.

Il faut connaître l'importance de Kativik pour le Nunavik. Sa mission est considérable: scolariser les Inuit de manière à ce qu'ils puissent occuper les emplois disponibles sur le territoire. C'est un travail de longue haleine. Actuellement la formation jusqu'au sixième secondaire est offerte. Pour les études postsecondaires, les Inuit doivent aller dans le Sud. C'est tout un défi à relever! Il nécessite, entre autres, un travail d'équipe efficace et un soutien constant aux travailleurs-euses de terrain.

Seulement, voilà: j'ai constaté avec effarement qu'en réalité Kativik est une commission scolaire gérée en grande partie de Montréal par des Inuit *sudéifiés* et des Blancs qui ont déjà habité dans le Nord. Les Inuit, les Blancs «de terrain» et ceux «de bureau» travaillent en parallèle au lieu de former véritablement une équipe. À mon avis, c'est une grave erreur, et pour l'enseignement actuel, et pour l'avenir des Inuit. Quant au pouvoir, vous croyez qu'il se trouve où? Bien entendu, dans les bureaux... Pourtant la réalité est bien loin de ceux-ci...

Avec Pierre, j'ai eu des discussions passionnantes sur l'avenir du Nunavik. Il est marié à une Inuk, il est profondément amoureux du Nord — il a d'ailleurs habité, à un moment ou à un autre, chacun des 14 villages du Nunavik. Il croit au gouvernement autonome que certains Inuit réclament à grands cris. Mais il est drôlement inquiet. Les Inuit sont-ils prêts à s'assumer entièrement? Ont-ils les ressources humaines nécessaires? Ce n'est pas certain du tout. En même temps, comment s'en sortir autrement qu'en prenant possession des lois qui régissent la vie des communautés? C'est complexe. Il y a eu tellement de changements rapides, il y a actuellement tant de bouleversements dans le Grand Nord, comment trouver la sagesse qui permettrait d'y voir clair, de prendre les bonnes décisions, d'orienter sainement le peuple vers ce qu'il choisit?

D'après ce que j'ai compris, le Nunavik a un gouvernement non autonome dont les représentants sont élus par les habitants du Nunavik. Est considéré habitant du Nunavik toute personne âgée de plus de 18 ans qui y réside depuis plus de deux ans. Et c'est bien correct de même, me direz-vous.

Oui. Seulement, l'exemple d'Ivujivik met en lumière d'autres enjeux. Ivujivik est un village situé le long de la baie d'Hudson. Actuellement, il compte environ 500 habitants. Mais il est question de l'ouverture d'une mine, ce qui porterait la population de ce village à 10 000 personnes au plus fort du boum minier et à 4000 au moins ensuite. Concrètement, cela veut dire 3500 Blancs de plus dans le Nunavik.

Le Nunavik compte 10 000 Inuit, dont 4000 peuvent voter, voyez-vous où j'en viens? Advenant le scénario d'Ivujivik, le Nunavik pourrait donc éventuellement être dirigé par des Blancs (4000 voteurs inuits, 4000 voteurs blancs). Quelle ironie du sort, quelle mauvaise blague.

Et l'enjeu qui se trouve au cœur de toutes ces ententes, de ces contrats, sans jamais être nommé explicitement, mais qui selon moi est le plus important, c'est celui de la langue. Les Inuit doivent prendre conscience du danger qui les guette. Et surtout, agir pour faire en sorte de protéger l'inuktitut, qui représente leur singularité, leur identité profonde. Au Nunavut, on dit que c'est déjà chose faite: l'anglais est la langue la plus couramment parlée dans certaines communautés, *avant* l'inuktitut. Vous vous rendez compte? L'argent, l'emploi, la télévision, le laxisme, le manque de vision, une scolarité improvisée sont les facteurs qui ont fait que les Inuit du Nord-Ouest auraient perdu ce qui constitue l'âme même d'un peuple, sa culture profonde, ce qui le distingue de tous les autres: leur langue.

«Tout ça pour dire que tout revient à l'éducation», a conclu un élève de Pierre dans un texte où il devait s'exprimer sur le projet éventuel d'Ivujivik. *Fiou!* qu'on s'est dit, tout n'est pas perdu. Si la jeunesse commence à envisager les choses ainsi, peut-être que l'espoir peut s'installer, finalement.

Cela me ramène à Kativik, cette chère commission scolaire dont les gestionnaires préfèrent s'occuper d'une affaire de prof qui parle avec les étudiants de la théorie de l'évolution au lieu de s'assurer de la compétence des directeurs adjoints, du bien-être du personnel enseignant et non enseignant, Inuit et Blancs confondus, qui devraient tendre vers un même but:

l'autonomie véritable, autant pour les individus que pour le peuple.

Une autre de mes questions exaspérées: Que fait Kativik pour les élèves doués, ceux et celles qui montrent des talents certains de leader, des capacités intellectuelles supérieures? Niet, pas une cenne, pas une ressource. On a déjà répondu à un prof qui réclamait, arguments à l'appui, du soutien pour les doués et un encouragement formel à la réussite et au dépassement scolaire, qu'il n'était qu'un snob, qu'il prônait une culture de l'élitisme, ce qui n'est pas du tout dans le *caractère* des Inuit. Eh bien bravo, Kativik, quelle vision, quelle compréhension profonde des enjeux!

Pendant ce temps les Inuit s'évangélisent, se gospélisent et se pentecôtisent pour se sortir de l'alcoolisme et du désœuvrement apparus avec la sédentarité (et la construction de maisons par le gouvernement, de chèques mensuels, etc.). Làdessus Kativik ferme bien sa gueule, alors qu'une bonne partie de son personnel inuit est engagé ouvertement dans un mouvement religieux ou un autre. On sort la théorie de l'évolution des écoles mais on n'y parle surtout pas des dangers de l'endoctrinement. C'est monsieur Bush le créationniste qui serait content...

Bien entendu, les gestionnaires de Kativik ne sont pas responsables de tout. Mais je me serais attendue à plus de discernement, de lucidité et de cœur de la part de ceux qui pensent, organisent et dirigent l'éducation scolaire des Inuit. Mais à bien y penser, je me serais attendue à pas mal mieux de ceux qui font la même chose du côté des Blancs. Je n'en reviens toujours pas: ministère de l'Éducation, *du Loisir et du Sport*. Vraiment, quelle insulte, quelle piètre fusion de ministères.

Dans l'école où j'enseigne, j'ai trouvé du cœur, la volonté réelle et quotidienne de coopérer entre Inuit, anglophones et francophones. Et ce, dans un profond respect de la culture des Inuit. Mais en dehors des murs de l'école, j'ai constaté encore une fois, que la bureaucratisation a engendré un flop monumental.

L'avenir du Nunavik ne me paraît pas très réjouissant. Mon bref séjour ne me permet pas de tirer des conclusions définitives sur ce peuple dont j'ignorais à peu près tout il n'y a pas si longtemps. Ce serait prétentieux et vain. Pendant que j'observais les gens et que je tissais mes interprétations, les impressions et les faits, j'en ai appris beaucoup sur moi-même.

Tenter de comprendre — de *prendre avec* — les Inuit de Kangiqsujuaq m'a amenée à mieux construire mes propres convictions et à percevoir mes sensibilités culturelles. Et cette conclusion-là, je peux la tirer puisqu'elle ne concerne que moi. Avec tout le suc qui s'y trouve; c'est ma richesse. C'est le bagage que je ne possédais pas avant de déposer mes valises ici, il y a cinq mois et demi.

Je pense que j'aurai besoin de quelques inuksuks mentaux pour revenir dans le Sud avec un peu d'espoir. Ces inuksuks sont les compositions d'Elaisa, l'affection de Reebah, la sensibilité de Betsy, l'enthousiasme de Noah, le charme de Qalingo, la lucidité de Peter, la concentration d'Utuqi, la perspicacité de Joanesie, la solidité d'Eva et la sagacité de Julia. Je ne peux pas croire qu'une société a les moyens de se priver de cette lumière boréale. Mes jeunesses demeureront des repères fiables dans tout ce brouillard ethnique, culturel, territorial, appelez ça comme vous voudrez. Mais de grâce prenons soin des inuksuks humains, sinon nous perdrons le nord.

Perdre le nord, ça veut dire la même chose pour tout le monde. C'est ne plus savoir où l'on est et qui l'on est, peu importe où l'on se trouve et quelle identité nous distingue.

La lumière

La nuit est disparue et le soleil est fugitif. Ça résumerait bien la météo de la dernière semaine. Plus de nuit qui tombe, enveloppe, repose et endort. Il fait plus clair à 2 heures qu'à minuit, j'ai vérifié. Le sommeil est fuyant lui aussi. Tout est gris, et puis tout à coup, une éclaircie qu'on n'attendait plus, éphémère malheureusement. Les montagnes m'impressionnent davantage en brun qu'en blanc, ce qui n'est pas peu dire. Le châle de brume qui les enveloppe du matin au soir, du soir au matin, donne une ambiance lugubre à certaines journées. Qui deviennent des soirs sans que je m'en rende trop compte, excepté quand je consulte mon petit cadran de chevet.

Le Scrabble

Pas de Scrabble vendredi : le Père est à Kuujjuaq. Plus tôt cette semaine, il m'a offert un cadeau. Je lui disais vendredi dernier que j'ai la ferme intention de me procurer un jeu Scrabble de luxe, que je ne me passerais plus de la table qui tourne, des lettres encastrées, vraiment c'est génial. Je lui disais que, comme lui, je me ferais un sac pour transporter mon jeu. Il m'a alors donné ce qu'il faut pour le fabriquer. Nous avons découpé du tissu imperméable tiré du rouleau qu'on a rapporté de l'arrière-boutique de la chapelle, un recoin qu'on ne peut deviner. Ça sentait le deuxième étage du magasin général à Franquelin, où j'ai passé tant d'heures de mon enfance à m'inventer des histoires qui ont ces odeurs-là. Objets inanimés, mais pas oubliés, finalement. Pareils à mes souvenirs parfumés.

Alors voilà...

Savez-vous que vous finissez de lire ma 20e chronique? Bravo pour votre ténacité et votre patience! La semaine prochaine, je signerai la dernière, ça me fait bizarre rien que d'y penser.

Passez une belle semaine, profitez donc de la pluie pour lire de bons bouquins au lieu de rouspéter tout le temps sur le climat, franchement.

Je vous aime, à bientôt,

Nadia

21

BONJOUR TOUT LE MONDE! Vous vous direz peut-être: mais pourquoi est-ce la dernière chronique alors qu'il reste encore un dimanche? Parce que j'ai décidé de m'accorder ce dernier dimanche, de le vivre autrement que perchée devant un ordi, tout simplement.

La classe

Jours de révision suivie de jeux divers. Étrange semaine où les hauts étaient très hauts et les bas très bas. Mais n'est-ce pas ainsi depuis le début me direz-vous? Oui, mais cette semaine il m'a semblé que la distance entre le bien-être et le malaise immense était encore plus grande que d'habitude. J'ai pris un vendredi de congé pour ma santé mentale, ça a été le moment où je me suis sentie le plus appréciée: quand je leur ai annoncé qu'ils n'avaient pas d'école le lendemain...

Reebah était à son meilleur tout le temps. Je m'explique: si ça la tentait de travailler, elle le faisait avec application, sérieux et en silence. Si au contraire, elle préférait «faire fâcher Nadia», alors elle y mettait son arrogance, sa violence contenue et ses talents de leaders. J'ai dû faire appel, encore une fois, à toute la maturité dont je dispose. Elle a réussi à me faire fâcher une fois. Mercredi en fin d'avant-midi, elle a épuisé mes dernières ressources pédagogiques et je l'ai suspendue pour l'après-midi. J'admets, non sans sourire, que si j'avais pu la suspendre moi-même par les pieds je l'aurais fait volontiers tellement elle me met hors de moi par moments. Enfin, jeudi elle était redevenue charmante. Ouf.

Utuqi a beaucoup ri cette semaine. Utuqi, la secrète exigeante, a rigolé des niaiseries de Reebah (bien oui, elle peut aussi être très, très drôle). Elle a également ri de moi à quelques reprises, en ne voulant pas me dire pourquoi, mais en le disant en inuktitut à Noah ou à Betsy. Mais ça, c'est seulement pour garder mon ego à sa place, pour pas qu'il se gonfle et que je me mette à croire que je suis peut-être une bonne prof. Une élève qui rit de nous en faisant rire les autres, sans nous dire pourquoi, c'est excellent pour faire douter, ça garde alerte et dans l'instant présent. Enfin, c'est le style Utuqi. Ça et ne jamais être satisfaite des jeux que je propose. Utuqi se fait un devoir de ne pas aimer les jeux que je présente, elle les refuse d'abord, en finissant par y participer, visiblement à contre-cœur. Moi, je suis un peu tannée de cette attitude-là. Et je le lui ai dit franchement. Je lui ai demandé comment elle agirait avec une élève qui ne serait jamais contente (elle veut être prof plus tard). Elle a baissé la tête et elle a arrêté immédiatement de « lyrer » sur le bingo platte. Les autres étaient contents ; j'avais ajouté aux prix à distribuer deux bouteilles de shampooing et deux boîtes de chocolat chaud. Mais Utuqi est si douce, si attentive à tout ce qui se passe, si remplie de secrets, que je n'arrive jamais à être fâchée bien longtemps contre elle.

Et puis elle aime rire, ce qui fait que bien souvent, on s'esclaffe sur les mêmes pitreries de l'un ou l'autre en classe. La semaine prochaine, à la remise des prix de fin d'année, elle recevra le prix de l'Amitié du primaire français. Je vous gage une tarte aux framboises qu'elle ne sera pas contente de devoir se présenter en avant, mais qu'elle sera super fière de son prix. En tout cas je l'espère.

Elaisa, la discrète douée, était ricaneuse cette semaine. Toujours de bonne humeur, elle est presque devenue exubérante un après-midi, et je trouvais comique de la voir s'épanouir ainsi. Reebah est arrivée avec des lunettes auxquelles il manquait une branche, des lunettes rectangulaires à la monture épaisse rouge foncé. À un moment, Elaisa est venue me demander une explication avec ces lunettes sur le bout du nez, elle était crampante. Je l'ai surprise à fredonner quelquefois, signe indiscutable de son bien-être. Tant mieux.

Qalingo continue d'être au poste... endormi, mais de très belle humeur. Bien entendu, il s'est mis en colère quand j'ai essayé de lui expliquer comment calculer le volume d'un solide, après avoir constaté qu'il avait tout faux. Après s'être calmé, il est revenu me voir, il a compris comment procéder et il a retrouvé le sourire. Pas de hockey mains cette semaine, on n'a pas eu le temps, il a donc pu garder ses bas. Un midi, je suis allée chez lui avec sa tante pour que sa grand-mère Mitiarjuk signe le livre *Sanaaq*, qu'elle a écrit. J'étais très énervée et intimidée.

Cette maison compte neuf personnes. Vous pouvez imaginer à quel point l'entrée est encombrée de bottes et de souliers. La grand-mère dormait, alors je suis repartie bredouille... J'ai quand même serré la main du grand-père. J'ai dit au revoir à tout le monde et, revenue dans l'entrée, mes bottes n'étaient plus là! Je reviens, très gênée, dans la cuisine, m'informe, et la mère de Qalingo me dit en anglais: «Oh, c'est peut-être Qalingo, je l'ai envoyé faire une commission.» J'ai donc attendu un peu et Qalingo est revenu... mes bottes aux pieds! On a ri et quand j'ai raconté cela en classe, les autres ont beaucoup rigolé... Qalingo avait l'air fier de lui. Sacré charmeur.

Peter, le *fan* de Johnny Cash (monsieur Bérubé, il y a beaucoup de relève dans le Nord pour les *fans* de Cash), a continué de bien travailler au moins dix minutes par jour... Le reste du temps il parle, parle, parle sans arrêt. Il fait rire les autres mais quelquefois j'ai l'impression qu'il les dérange, que les autres aimeraient bien se concentrer un peu si Peter leur en laissait la chance. Il taquine les filles, interpelle les garçons en inuktitut, en français. Peter est un jeune homme heureux qui n'aime pas l'école, alors il vit en accord avec ce fait: il est joyeux en classe mais de là à se mettre au travail... il est pourtant si doué! Je pense qu'il a vraiment un problème de dyslexie, il confond certaines lettres ou syllabes, ce qui lui rend l'apprentissage difficile... De plus, il a un accent incroyable. Mais son désir de communiquer est si fort qu'il me touche et que je suis incapable de lui en vouloir bien longtemps, même quand il déconcentre la classe au grand complet... «Nédia, moi veux dire quelque chose à Qalingo, juste une minute, toi laisser moi.» *The Ring of Fire...*, ouais.

Betsy était malade cette semaine, mais elle est venue en classe chaque jour, elle ne voulait pas rester à la maison. Une sorte de grippe qui fait vomir. De toute évidence ses nuits étaient très courtes, elle se pointait, le teint gris-vert, et me disait: «Ça va bien.» Mercredi matin, je suis allée chercher deux petits matelas à l'igloo et l'ai installée en-dessous de la table du coin lecture. Elle s'est couchée immédiatement, s'est enfouie dans son manteau et on ne l'a pas entendue de l'avant-midi. Elle a manqué la dernière révision de français, mais elle a pu prendre le dessus sur le sommeil et la grippe. L'après-midi, elle était presque guérie. En tout cas, assez pour se moquer de mon accent quand j'essaie de dire des mots en inuktitut. Elle a gagné une bouteille de shampooing au bingo et est repartie en sautillant, grande fille attachante, en me criant dans le corridor: «Salut, Nadia Bleu!»

Noah, vous ne devinerez pas, était enthousiaste et joyeux à chaque jour de classe! Il me fait tant rire quand il imite mes expressions, et il fait rire les autres. «Beeeen voyons, Betsy», «Peter, franchement!», «Ben là, Reebah!», «Allez, on y va», «Comment ça va ce matin?» Il a vraiment du talent pour imiter. Je suis allée chez Noah il y a deux semaines avec Marion pour photographier la grand-mère. J'ai vu l'intérieur où il habite. Ils sont plusieurs dans cette maison aussi, comme chez Qalingo. Noah vient d'une famille nombreuse, pauvre (contrairement à la famille de Qalingo), où il n'a aucun statut particulier, aucune faveur, aucune «facilité», rien pour justifier toute cette joie qui l'habite. J'espère que sa vie sera à la hauteur de sa bonté naturelle, de son extraordinaire sens du bonheur, de la vivacité de son esprit. Noah recevra la semaine prochaine le prix de l'Attitude gagnante. S'il vient un jour étudier dans le Sud, je serai prête à l'épauler et à lui offrir tout le soutien nécessaire. Et je ne dis pas ça en l'air. C'est un peu par égoïsme, parce que côtoyer Noah, c'est une assurance-joie... Cher Noah.

Et puis Joanesie. Depuis le début de la semaine, Joanesie était de mauvais poil, impoli et colérique. Je me demandais bien ce qui se passait. Il grondait en inuktitut, comme en janvier et en février. Il me regardait de travers et n'acceptait aucune intervention de ma part. En plus, il n'arrivait pas à se concentrer vraiment, alors il se promenait beaucoup dans la classe et dérangeait les autres. J'ai un faible pour Joanesie, vous l'avez peut-être deviné. Son désarroi, sa solitude et sa douleur me touchent énormément. Un Inuk n'est jamais seul, c'est dans sa culture profonde, mais Joanesie, enfant unique, connaît la solitude. Imaginez sa peine. Et puis, parce que je ne suis jamais arrivée à prendre le dessus, je ne lui ai pas donné ce dont il rêvait, avec raison: des enseignements dignes de ses capacités intellectuelles. Il s'emmerde à l'école. Et je le comprends tellement! Quelle frustration, de me sentir incapable de lui donner ce dont j'avais moi-même besoin au primaire et que je n'ai pas reçu. Tout ça pour dire que mercredi matin, ç'a bien mal tourné. Depuis lundi comme je le disais, il n'était pas en forme, et je réussissais à contrer sa violence en lui changeant les idées. Mais ce matin-là, il est devenu incontrôlable et j'ai sorti une fiche en lui disant: «Joanesie, ça suffit, tu vas aller terminer ta révision à l'igloo.» Il ne l'a pas pris. Il s'est levé brusquement, a fait valser cahiers, crayons et dictionnaire dans les airs, s'est dirigé vers la porte et a foutu un coup de poing dans la vitre de ladite porte. La vitre s'est cassée dans un bruit sourd qui a figé tout le monde. Excepté lui, qui en a profité pour se sauver. Il a disparu dans l'école jusqu'à midi. Les jeunesses voulaient toucher à la vitre, s'approchaient trop près; de toute évidence, Reebah s'amusait. Moi, j'étais dans tous mes états, j'avais un motton dans la gorge qui m'empêchait de parler, de penser et d'intervenir. Tout ce que je me répétais c'est: «Ne pleure pas, ne pleure pas.» Le motton a fini par descendre un peu plus bas, j'ai donc pu placer quelques mots et me suis remise en marche. J'ai interdit formellement aux jeunesses d'approcher de la vitre, je suis allée avertir Véronic et

Mark, je suis remontée dans la classe, et j'ai invité les élèves à poursuivre le travail. Il était 10h45.

À 11h15, on avait rendez-vous dans la classe de Pierre, question de familiariser les jeunesses à leur prochaine étape: le secondaire. Je me faisais une joie de cette rencontre, j'étais si contente d'y avoir pensé. Pierre les a reçus avec courtoisie, leur a expliqué ce qu'il allait leur enseigner, a présenté quelques règles de base du secondaire. Tout le monde a été très attentif, un peu figé par cette nouvelle réalité. Tout à coup le secondaire n'était plus une idée lointaine, mais une perspective très proche. Moi, je ne suis pas arrivée à savourer le moment. Parce que Joanesie n'était pas là et que j'ignorais où il se cachait. J'avais mal pour lui. Et j'en avais tellement marre, si vous saviez. Il m'attendait à la porte de la classe de Pierre avec le surveillant Johnny. Il souriait mais son sourire était douloureux. J'ai tenté d'établir la communication, sans succès. Johnny, le surveillant, m'a appris que Joanesie était suspendu jusqu'à lundi, et celui-ci riait... tristement.

Sa douleur, je la sentais, son désespoir, je le voyais. Mais je n'ai pu rien y faire. Je pense que Joanesie voit venir l'été avec appréhension. Il risque d'être très seul. Et ça sort tout croche, comme casser une vitre sans le faire exprès. Je lui ai dit tout cela tout bas avant de le quitter, je lui ai dit que je n'étais pas fâchée, mais triste pour lui. À ce moment son masque d'arrogance est tombé et si Johny n'avait pas été là, je pense qu'il se serait mis à pleurer.

Reebah a profité de mon inattention pour lancer une balle de tennis dans le corridor du secondaire, prenant le risque de casser quelque chose. Quand je lui ai ordonné d'arrêter immédiatement, elle m'a crié des trucs en inuktitut avec son arrogance infinie. C'en était trop. Suspendue pour l'après-midi, pour la protéger de moi premièrement. J'ai dit à Véronic que je ne voulais même pas lui voir le bout du toupet avant le lendemain. Véronic a dit : « OK Nadia. » Quand j'ai fini par mettre le pied à l'appartement, j'ai pleuré, pleuré, pleuré.

Et une heure plus tard j'étais en classe avec les six autres, fragilisée et sans énergie. Mais j'ai mis en application ce que les jeunesses m'ont appris et j'ai traversé l'après-midi d'instant présent en instant présent...

Mais le *scoop* de la semaine, ce n'est ni Joanesie, ni Reebah, ni Betsy. Le *scoop* de la semaine s'intitule « Le retour d'Eva » ! Eh bien oui, jeudi matin, Reebah et Betsy m'informent qu'Eva est au village. Je jubile, je leur demande de l'inviter pour l'après-midi. Les filles m'affirment qu'elle est revenue pour tout l'été, qu'elle ne retournera pas à Kangirsuk. Quoi ? L'après-midi Eva arrive, cheveux teints en noir corbeau sous sa tuque, sourire timide et regard brillant, aussi silencieuse qu'avant son départ. Je finis par pouvoir lui soutirer quelques informations qui me confirment qu'elle est revenue ici, qu'elle fera donc les examens la semaine prochaine. Je vais voir Véronic qui me dit : « Je sais, c'est fou, une autre est déjà débarquée comme ça en 5e. » On verra donc ce que donneront les examens d'Eva. On fera une moyenne pour lui permettre de passer son année, qu'elle aurait sans aucun doute réussie, si ses parents ne s'étaient pas mis au yoyo depuis le printemps. Non mais, quelle fin d'année !

La fin des petits-déj

Cette semaine, on a servi les derniers petits-déjeuners. J'ai aimé cette implication parascolaire. Rencontrer les enfants le matin, quand ils sont encore ensommeillés, tranquilles, câlins, rieurs. Attablés en groupe de quatre, cinq ou six, ils mangeaient en silence ou en discutant à voix basse, les petits comme les grands. Et c'était chouette de côtoyer Lucie, une femme au parcours pas ordinaire : née en Abitibi, elle a enseigné dans les réserves amérindiennes longtemps avant de venir dans le Nord. Elle a adopté deux enfants, a accouché d'un troisième. Un de ses fils habite l'Inde depuis deux ans (il est en visite au Québec pour l'été). C'est une grand-mère absolument gaga de ses petits enfants, comme tous les grands-parents. Elle et Michel, son amoureux (enseignant au cégep en français-littérature à la retraite), se sont acheté une maison à Alma. C'est une femme drôle qui me fait souvent rire, qui ne s'en laisse imposer par personne et qui a, tout comme moi, un bon potentiel de chialage quotidien. Comme le dit l'adage inventé par je ne sais plus qui : « Y'a tant de chialage à faire dans une journée, eh bien il faut qu'il se fasse. » Ç'a été une belle rencontre.

Le Scrabble

Petite soirée tranquille dans laquelle nous avons joué une partie seulement. On n'a pas beaucoup parlé. On a fait sans arrêt des mots à 14 points. J'ai questionné le Père sur la signification du nombre 14 dans la Bible, mais il paraît qu'il n'y a rien là-dessus. Le Père est maintenant convaincu que le Scrabble en anglais est pas mal moins intéressant que le Scrabble en français. On a regardé les gens circuler sur la rue principale, tout en jouant nos coups avec lenteur. Un jeune d'environ 10 ans est venu allumer sa cigarette à l'abri du vent, tout près de la fenêtre de cuisine du Père. Le jeune ne nous voyait pas, c'était drôle, surtout quand il a voulu partir en vélo et qu'il est tombé, en tentant de tenir la cigarette d'une main et le guidon de l'autre. Dure, dure la vie de fumeur. Le Père a validé l'information que j'avais à propos de la présence au village du merle d'Amérique. Incroyable. Cet oiseau n'est pas sensé être ici. Selon les guides d'observation, il ne monte jamais aussi loin vers le nord. L'autre matin j'entendais son chant, je me disais: «Tiens, un oiseau qui chante comme un merle.» Mais Jaani, le secrétaire, a affirmé cette semaine en avoir vu un. Le Père a confirmé et ajouté qu'il avait aussi vu à Kuujjuaq des oiseaux qu'il n'avait jamais vus là. Le réchauffement de la planète, ce n'est pas une légende finalement, hein Jean-François?

Il nous reste une soirée de Scrabble, et en principe ce sera chez moi.

Le décor

Les montagnes étaient zébrées de brun et de blanc il y a seulement deux semaines. Maintenant elles sont tachetées de blanc. Elles sont recouvertes d'un lichen brun qui virera au vert, ça se devine. J'ai découvert que sur le flanc de l'une d'elles, on a tracé avec des pierres blanches «Kangiqsujuaq» en écriture syllabique, c'est beau. Le père Dion m'a dit que ça fait quelques années déjà. Et puis les roches et les cailloux, quel émerveillement! Je ne suis pas du genre à remplir mes poches quand je me promène mais ici vraiment, les roches sont si belles! Striées, colorées en rose, orange, jaune, recouvertes de brillants (je ne connais pas le nom de cette matière noire qui brille), elles sont partout: sur le chemin, dans les cours d'eau, au bord de la baie, dans les montagnes. Michelle Belzile, je pense à toi chaque fois, je suis persuadée que tu te promènerais le nez à terre si tu te retrouvais ici. Je rigole en y songeant...

J'ai décidé de rapporter quelques pierres dans le Sud pour participer à la construction de l'inuksuk que mon père Robert veut ériger depuis des années derrière la maison. Si vous voyiez la tête des gens qui me regardent me promener, haletante, avec mes roches dans le sac à dos. Noah a failli s'étouffer de rire hier après-midi quand on s'est croisés. Rapporter des roches, vraiment les Ouiouis, quel peuple bizarroïde...

Et la baie a commencé à caler. La rivière a fissuré la banquise et se fait un chemin de plus en plus grand chaque jour. L'eau douce qui vient à la rencontre de l'eau salée, c'est impressionnant. Comme la baie cale, elle se recouvre d'eau et la couleur que cela produit est féerique, il s'agit d'un turquoise digne de la mer des Caraïbes. On a retiré les deux attelages de chiens de traîneaux qui étaient installés sur la banquise, en face du Northern. J'ai vu qu'ils étaient déplacés au pied de la montagne qui borde le quai et les bateaux (mon endroit préféré), tout près d'un autre attelage qui y a passé l'hiver (on compte environ de huit à douze bêtes par attelage). Les chiens dormaient quand je suis passée hier, il y en a un qui a dressé la tête quand il m'a entendue, les autres se sont levés, m'ont suivie des yeux sans broncher. Certains sont dans un enclos et d'autres, attachés pas loin. Question de sexe ? De caractère, donc de position dans le groupe ? Je ne sais pas.

Dans le village, il y a une rivière principale et quelques ruisseaux. Un village d'eau. On s'en doute pendant l'hiver, car l'endroit est parsemé de ponts de bois. Mais c'est vraiment joli quand on voit l'eau couler dessous. Enfin, c'est joli si on fait abstraction des déchets accumulés dans ces cours d'eau : une canette de liqueur, un tricycle, un manteau d'enfant, des sacs de plastique, des papiers de bonbons, des couvercles de poubelles. J'ai même vu un devant de quatre-roues en plastique rouge avec Honda écrit dessus. C'est un peu désolant. Mais fascinant aussi puisque l'on peut voir ce qui se jette, ce qui est laissé là, et ça change chaque jour puisque l'eau coule (!). J'espère que je verrai l'eau salée et quelques marées avant mon départ. Les goélands continuent d'affluer tandis que les corbeaux se font de plus en plus rares. Il me tarde de respirer l'odeur iodée de la mer.

C'est vraiment fantastique, la transformation du paysage depuis mon arrivée le 6 janvier. Cela m'éblouit, me laisse pantoise.

La vie nocturne

Puisque la nuit a sacré le camp ailleurs (on a 19 heures de jour par 24 heures), j'ai la nette impression que les jeunesses inuites ont arrêté de dormir... ou en tout cas qu'elles ne dorment pas entre minuit et 5 heures du matin. Particulièrement les vendredis... Vers 2 heures ce vendredi, un groupe de jeunes (environ une vingtaine, de 8 à 20 ans d'après ce que j'ai vu) lançaient des pierres sur l'école. Ils en ont même lancé sur ma maison! Comme ça, pour le *fun*. Méchante surprise, à 2 heures du matin, d'entendre les roches claquer sur la tôle de ma maison! Du coup, j'ai décidé d'aller me coucher. Je savais que le groupe ne m'attaquerait pas, qu'il ne me voulait pas vraiment de mal, simplement me faire peur un peu, ou me réveiller, ou je ne sais pas quoi.

Moi qui voulais sortir un soir et faire un tour à l'aéroport, photographier le lever du soleil... Ces jeunes m'ont ôté toute envie de me promener dehors seule dans la nuit, même s'il ne fait pas nuit. Je vais donc regarder tout cela de ma fenêtre.

Le téléphone également a une vie nocturne, il peut sonner à minuit, à 2 heures, à 6 heures, c'est imprévisible. Au début, je répondais par réflexe, et j'entendais une voix pâteuse me faire la conversation en inuktitut. « *Wrong number.* » Je l'ai dit souvent dernièrement. J'ai donc pris l'habitude de fermer la sonnerie quand je vais dormir.

Cela fait que malgré moi, j'ai une vie nocturne assez bien remplie. Je trouve dommage de ne pas en profiter plus et mieux. J'aurais aimé que la nuit claire m'émerveille au lieu de m'exaspérer ainsi. J'ai beau me sermonner, rien à faire, j'ai hâte de retrouver la nuit noire et les étoiles. Ce doit être culturel, je ne vois pas autre chose...

La chronique nordique : les coulisses

J'ai vu plusieurs films dernièrement et souvent on a les *making of*, qui nous présentent les dessous de la réalisation du film. J'*adore* ça. J'ai pensé que vous aimeriez peut-être savoir comment se fait l'écriture de mes chroniques. Alors voilà.

Je commençais à y penser le jeudi. Des fois je prenais quelques notes dans un carnet, souvent c'était les divisions de la chronique, les différents sujets que j'aborderais. Et puis le vendredi, j'écrivais un premier jet à la main ou quelquefois à l'ordi, quand je me sentais particulièrement vaillante. Chaque samedi matin, en m'éveillant, je faisais le café, le mettais dans mon fidèle verre à café « Un monde à part », que m'a offert ma sœur Mitsou. Ce verre, quand j'y pense, est un objet qui représente mon expérience. Encore endormie la plupart du temps, je m'habillais et me dirigeais vers l'école, vers ma classe. Et là s'écrivait le véritable premier jet. Au fil des samedis, j'ai raffiné ma façon de faire : j'ai apporté de la musique, surtout six disques : *Into the Labyrinth*, *Toward the Within* (Dead Can Dance), *Le violoncelle* (le mix de Danyelle et plus tard Pablo Casals), *La vie la vie* (trame sonore de l'émission de télé) et *Nadia's Day* (mix offert par Suzie au cours de l'hiver). Et j'ai aussi apporté une petite cafetière filtre qui me permettait d'allonger les heures passées devant l'ordi. Un seul café n'était pas suffisant pour une première ébauche. Après avoir fourni cet effort, il était entre 10 heures et midi, selon l'heure de mon arrivée. Le samedi après-midi et le samedi soir, je traînais la chronique avec moi comme Linus traîne sa doudou. Je faisais des corrections, des ajouts, des coupures. Au début, je revenais à l'école faire ces changements à l'ordi le samedi, mais j'ai acquis de l'expérience (et de la paresse), et, à moins de changements majeurs (c'est arrivé), je faisais les retouches au crayon que je corrigeais le dimanche matin seulement.

C'était drôle de me promener en caleçon dans l'école déserte et de croiser une concierge qui finalisait le ménage en écoutant la radio.

Le dimanche matin, même scénario que le samedi, mais cette fois c'était pour le texte final. Quelques heures plus tard, grande joie: l'envoi enfin! Ensuite, eh bien je flottais, tout simplement. J'étais contente d'avoir encore une fois, réussi à vous envoyer quelque chose.

Parce que pour moi, rien n'a jamais été acquis, au sens où je me disais: «Je ne me rendrai pas malade pour cette chronique, si je ne peux pas, je ne peux pas, c'est tout.» Mais à mesure que la semaine avançait, je voulais assurer l'envoi plus que tout. J'ai pris des vacances en avril et pour tout vous dire, ç'a été plus difficile après. Était-ce la fatigue? Le fait d'avoir goûté à une fin de semaine sans chronique à écrire (tout mon samedi et tout mon dimanche entièrement libres)? Mes doutes quant à l'intérêt que l'entreprise pouvait susciter (vous avez été de plus en plus rares dans vos courriers)?

Enfin, j'ai aussi poursuivi parce que je ne pouvais pas vraiment m'en empêcher: le fait d'écrire la chronique me permettait de nommer les événements, de les relater, de les interpréter davantage que s'ils avaient été simplement consignés dans un carnet.

Et puis, à partir du moment où je vous avais envoyé mon texte, j'attendais des commentaires, c'était plus fort que moi. Je ne faisais pas la chronique pour cela, mais j'admets que c'était une maudite bonne paye, un courrier le dimanche en fin d'aprèm, ou un lundi matin, ou à tout autre moment de la semaine, de l'un ou l'une d'entre vous qui réagissait à une partie ou l'autre de ma chronique.

Ce qui m'a le plus encouragée à poursuivre l'expérimentation de l'écriture hebdomadaire, c'est le fait d'avoir un lectorat. Ce n'est pas donné à tout le monde qui écrit d'être lu, ç'a été une grande chance pour moi. Et quand le lectorat réagit en plus, c'est merveilleux.

Le dimanche, en revenant à la maison, je relisais la chronique en m'imaginant être l'un ou l'autre d'entre vous: comment Jean lira-t-il cette chronique? Est-ce que ma grand-mère rira en lisant cette partie? Francis trouvera-t-il que je dévoile trop mes sentiments? Est-ce que Robert trouvera le texte trop long? Françoise aimera-t-elle ce bout? Et je trouvais les fautes laissées dans le texte. Je capotais (et capoterai tout à l'heure) à chaque fois. Oh non, pas ce participe passé oublié, encore! Merde, comment n'aie-je pas vu cette épouvantable coquille? Mais le coup de fil rituel chez mes parents me faisait oublier ma gêne. Mes parents m'offraient leurs premières réactions, avec courage, car la sensibilité de l'apprentie chroniqueuse est bien vive...

Alors, voilà, vous savez tout maintenant sur ce qui précédait la réception de la chronique.

Votre présence virtuelle m'a beaucoup aidée à vivre le Nord d'une manière saine, c'est-à-dire ouverte sur l'autre dans le souci de vous transmettre mes observations. Si je n'avais pas eu à consigner mes impressions, si je n'avais pas eu le sentiment d'être accompagnée dans mes découvertes, d'être soutenue dans mes moments difficiles, l'expérience n'aurait pas été aussi exaltante, ça me semble très clair. Je vous en remercie. Sincèrement.

Pour la 21e fois, passez une belle semaine. Prenez soin de vous et des vôtres,

Je vous aime,

Tendre, tendre,

Nadia

E

LIEU KANGIQSUJUAQ

DATE DIMANCHE 7 JANVIER 2007

OBJET ÉPILOGUE
Je suis de retour!

SALUT LES OUIOUIS!

Un an plus tard, jour pour jour, presque heure pour heure, me revoilà à vous écrire de... Kangiqsujuaq (vous vous rappelez? Prononcez «Canne-guire-sou-you-arc»)! Eh oui, pour celles et ceux qui l'ignoraient, me voilà de retour. Je suis arrivée vendredi en fin de journée, j'ai retrouvé le même appart et c'est Papigatuk et son inséparable ami Williami qui m'ont ramenée avec mes boîtes. J'avais l'impression de rêver... et ce matin j'ai toujours cette impression. Pour être plus précise, je me dis souvent: donc, je n'avais pas rêvé, cet endroit, ces gens existent vraiment! En tout cas, je suis toujours aussi apprentie philosophe...

Ne vous énervez donc pas, je ne vais pas vous écrire à nouveau des chroniques cette année. Je vous l'ai dit: c'était beaucoup d'ouvrage ces petits comptes rendus. Cette année, je veux faire autre chose. Quoi? Je ne sais pas du tout. Je sais seulement que mes samedis et dimanches seront colorés autrement.

Vous me connaissez, je ne peux pas résister à l'envie de bavarder un peu quand même. Mais qu'est-ce qui m'a pris de revenir dans le Grand Nord ? Je vous entends d'ici (et c'est pas rien comme distance). C'est simple : il me reste des scènes à observer, des êtres à rencontrer encore, des rumeurs à confirmer. Et puis, pour tout vous dire, j'ai des conversations à poursuivre avec moi-même. Je trouve, et je parle maintenant par expérience, que c'est vraiment l'environnement idéal, celui qui me convient le mieux pour réaliser et profiter d'une expérience d'*introspection extrême*. Simple, je vous dis.

Jusqu'ici tout va très bien. Les Inuit que j'ai croisés me reçoivent avec gentillesse, viennent vers moi pour me serrer la main en disant : « *Happy New Year, Welcome Back !* » sans effusion mais avec sincérité. J'apprécie renouer avec cette manière de vivre. Je me sens calme et sereine, j'éprouve à nouveau ce sentiment hallucinant d'être à ma place ici et maintenant. J'en profite, car je n'ai pas encore commencé à travailler ! Cette année j'enseignerai le français au secondaire. Donc une matière, plusieurs niveaux. Eh oui, je vais retrouver ma gang de jeunesses. J'ai hâte.

Sachez que tous les élèves sont passés au secondaire, excepté Julia qui a eu trop d'absences l'an passé. Elle, Reebah et Betsy sont maintenant en cheminement particulier avec cette chère Lucie au grand cœur. Qalingo et Peter sont toujours inséparables, Noah est encore de bonne humeur, Joanessie est plus calme, Elaisa est toujours très réservée, Utuqi a retrouvé sa meilleure amie Louisa. Malheureusement Eva a décidé de quitter l'école.

Imaginez-vous que les chroniques que je vous ai envoyées l'an dernier sont tombées dans les mains d'un responsable de publications aux éditions Les 400 coups, par les bons soins de ma sœur. Il a bien aimé mes aventures nordiques. Tellement qu'il a décidé de les publier! Eh oui, si tout va bien, je serai au prochain Salon du livre de Montréal en novembre avec mes chroniques d'enseignante à la découverte des Inuit de Kangiqsujuaq. Les histoires que j'ai écrites pour vous vont faire un livre!

Je suis allée visiter le père Dion hier: tendres retrouvailles. On a bu le thé, on a discuté du réchauffement de la planète, de nos derniers six mois respectifs. Je lui ai parlé du livre, de sa présence dedans, il a eu l'air intéressé et content pour moi. Je suis repartie avec un beau sac de crevettes fraîches du Groenland; comme il en reçu deux caisses, ça lui fait plaisir de partager. On a rendez-vous pour le Scrabble vendredi prochain.

Ce matin il vente et neige. Un corbeau est venu planer devant ma fenêtre. C'est calme. Si vous saviez le bonheur que j'éprouve à être ici. Kate Atkinson a écrit: *Chaque jour est un cadeau, c'est pourquoi ça s'appelle le présent.* Et c'est reparti, mon kiki.

J'attends de vos nouvelles,

Je vous aime toujours autant,

Nadiavik!

Liste des destinataires

Alexandre V., Amélie C., Angèle C., Annick D., Anick P., Barbara D., Blanche S., Camille B., Christian B., Christiane V., Christine P., Colombe St-P., Danielle B., Danielle C., Danyelle M., Denyse B., Diane B., Étienne L., Évelyne L., Félix L.-St-P., Fabien L., Fernande B., France B., Francis L., François L., François R., Françoise D., Frankie C., Gabriel B., Gaétane J. Geneviève D., Jean L., Jean-François G., Jean-François St-P., Jean-Marc P., Jeannine G., Landry L., Linda B., Lise L., Lisette C., Lison É., Louis G., Louise D., Lucie L., Madame T., Marie A., Marie P., Mario A., Mario C., Maude C., Micheline D., Michelle B., Miriam D., Mitsou P., Monsieur B., Nathalie L., Nathalie P., Patrick R., Robert L., Robert P., Silvie L., Sophie M., Susie R., Sylvie C., Virginie C., Yolande S., Yvon B.

Légendes des photos

En regardant les photos, vous constaterez qu'aucune d'entre elles ne montre ma classe ni ne permet de reconnaître l'un ou l'autre des enfants que j'ai eu le privilège de côtoyer. La raison est évidente : je vous raconte une partie de leur vie sans leur en avoir demandé la permission. Je ne vais tout de même pas utiliser en plus leur image pour satisfaire une curiosité qui, selon moi, n'a pas lieu d'être. Allumez votre ordinateur et visitez les sites Internet concernant les Inuit : vous en verrez de splendides, qui ressemblent à s'y méprendre à ceux et celles que j'ai connus.

0. Page 12
Du Bic au Nunavik !

1. Page 16
Une partie du village où l'on peut voir l'école, le plus gros bâtiment en ville !

2. Page 22
À gauche, ma maison (les trois premières fenêtres à partir de la gauche) ; à droite, l'école. Pas loin pour aller au boulot !

3. Page 34
Le père Jules Dion, O.M.I., grand amateur de Scrabble.

4. Page 48
Lors d'une marche en solitaire, j'ai reçu la visite de cette belle maman chien.

5. Page 62
L'hiver produit son propre diamant sur le coup de midi ; bon appétit !

6. Page 74
Une partie du village de Kangiqsujuaq qui borde la baie Wakeham.

7. Page 86
Au petit-déjeuner, les enfants s'amusent à jouer aux grands.

8. Page 96
Matin de lumière en hiver, juste sous mes yeux.

9. Page 110
Le matin, de ma fenêtre, j'observe sans me lasser les corbeaux.

10. Page 126
Un après-midi, les jeunes font du surf en bottes en attendant l'équipe de hockey à l'aéroport.

11. Page 138
À la pêche aux moules, en hiver, les Inuit percent la glace à marée basse et s'y enfoncent pour récolter les mollusques.

12. Page 154
Linaigrettes denses (*Eriophorum spissum*) : comment font-elles pour survivre avec une telle douceur sur la peau ?

13. Page 160
Motoneiges sur la banquise.

14. Page 174
Peter Kiatainaq et Peter Qisiiq Jr., champions 2006 de la course Ivakkak.

15. Page 188
Un printemps bleu, blanc, gris...

16. Page 200
Jeu du vent sur la baie Wakeham.

17. Page 210
Depuis 5000 ans, seulement quelques maisons de plus dans le paysage.

18. Page 220
Pêche sur la glace. On peut voir les poissons passer au fond du trou ; c'est pourquoi on se couche sur la rivière gelée.

19. Page 230
Amies en paraski.

20. Page 244
Pendant que les grands s'initient au paraski, des petits s'amusent sous la tente qui sert d'abri pour enfiler les bottes.

21. Page 254
La rivière coule... enfin !

E. Page 272
Silhouettes et paraski.

Ouvrages cités

Paul AUSTER, *Moon Palace,* trad. Christine Le Boeuf, Paris, LGF-Le Livre de poche, 1995, p. 313.

Sylvie DURASTANTI, citée par Jacques POULIN, *La traduction est une histoire d'amour,* Montréal/Arles, Leméac/Actes Sud, 2006, p. 87.

Martin HEIDEGGER, cité par Louis HAMELIN, *Sauvages,* Montréal, Boréal, 2006.

Jean-Claude Izzo, *Chourmo,* Paris, Gallimard, coll. « Série noire », 1996, p. 14.

Fred PELLERIN, « Silence », dans TAIMA, *Taima,* Montréal, Foulesipin Musique, 2004.

SOCIÉTÉ MAKIVIK, *7e édition d'Ivakkak,* communiqué de presse, Kuujjuaq, 2007.

Remerciements

JE VEUX REMERCIER Mitsou Plourde, ma sœur que j'aime tant, pour avoir partagé les chroniques avec son ami HP.

Remercier aussi Henri-Paul Chevrier, qui a eu la folle idée de les publier, et Pascale Morin, qui a fait en sorte que je ne perde pas ma bonne santé mentale dans l'aventure de l'édition.

Remercier également Jean-Marc Pagès, qui m'a permis de corriger les épreuves finales sur son ordinateur alors que j'étais en voyage en France.

Remercier finalement Elisapie Isaac pour la préface généreuse et émouvante.

TABLE DES MATIÈRES